からあげ文化を世界に広めるために革命を起こす！

誰もが認めてくれる
ムネ肉のおいしいからあげを
目指す挑戦が始まった

ミックス

モモ肉とムネ肉が混ざっているが、『げんきや』の強みであるモモ肉のうまさがこの商品の価値を高めている

とり天

大分のからあげ文化の象徴。専門店での取り扱いは「異端」とされてきたが、いまでは看板メニューだ

チキン南蛮

他県の名物料理を売り出す身軽さと常識破りの発想は、お客さんに受け入れられた

砂ずり

一般的には真ん中から開くが、まるで焼き鳥のように、丸ごと揚げることで奇跡の味と食感を実現させた逸品

玄喜屋】
きや
大分中津
日本一
ゲンキヤ太郎
総本店
営業時間 11時〜21時
からあげ
砂ずり
チキン南蛮
とり天
お弁当

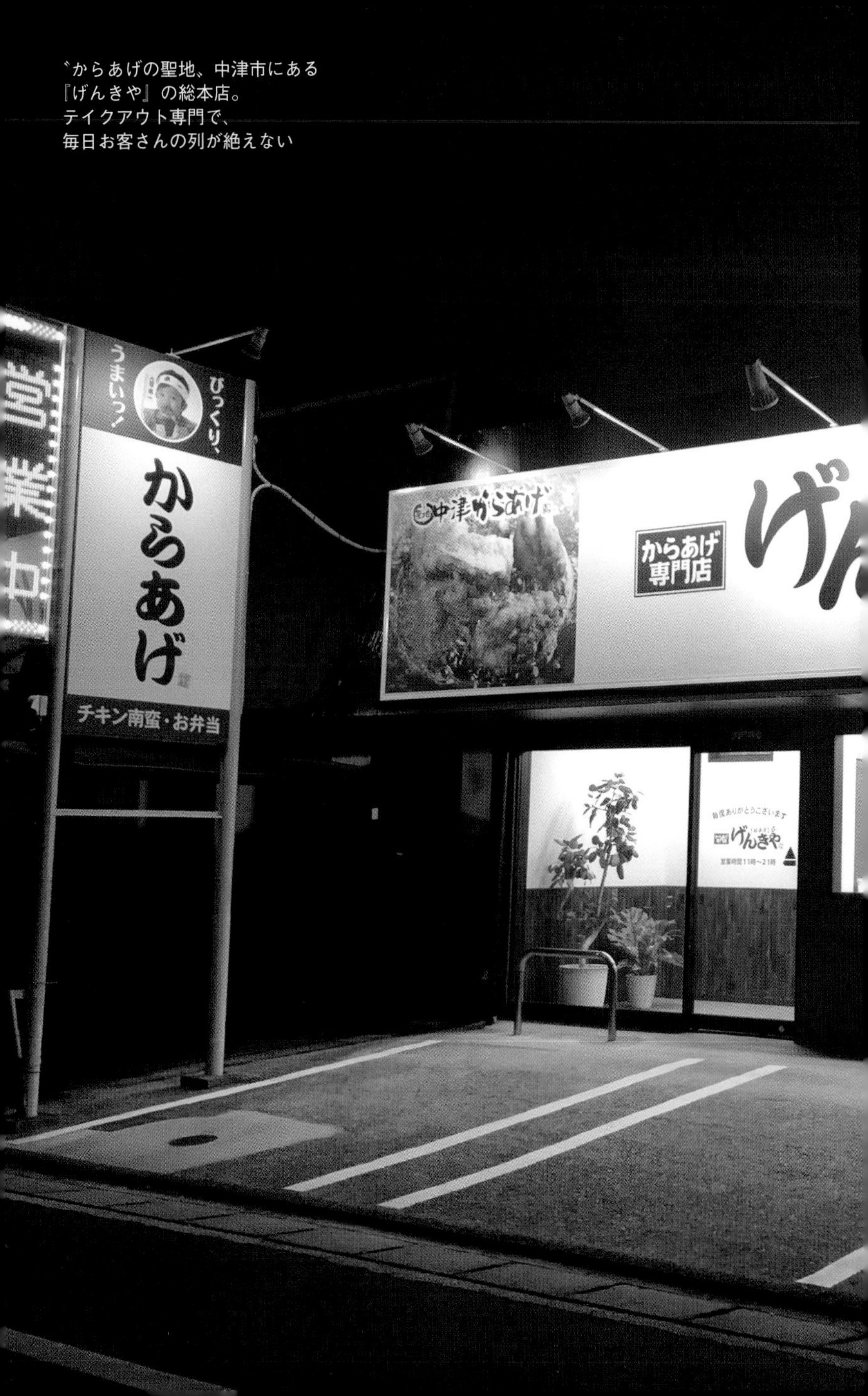

〝からあげの聖地〟中津市にある
『げんきや』の総本店。
テイクアウト専門で、
毎日お客さんの列が絶えない

からあげ専門店

【舷喜屋】げんきや

大分 中津

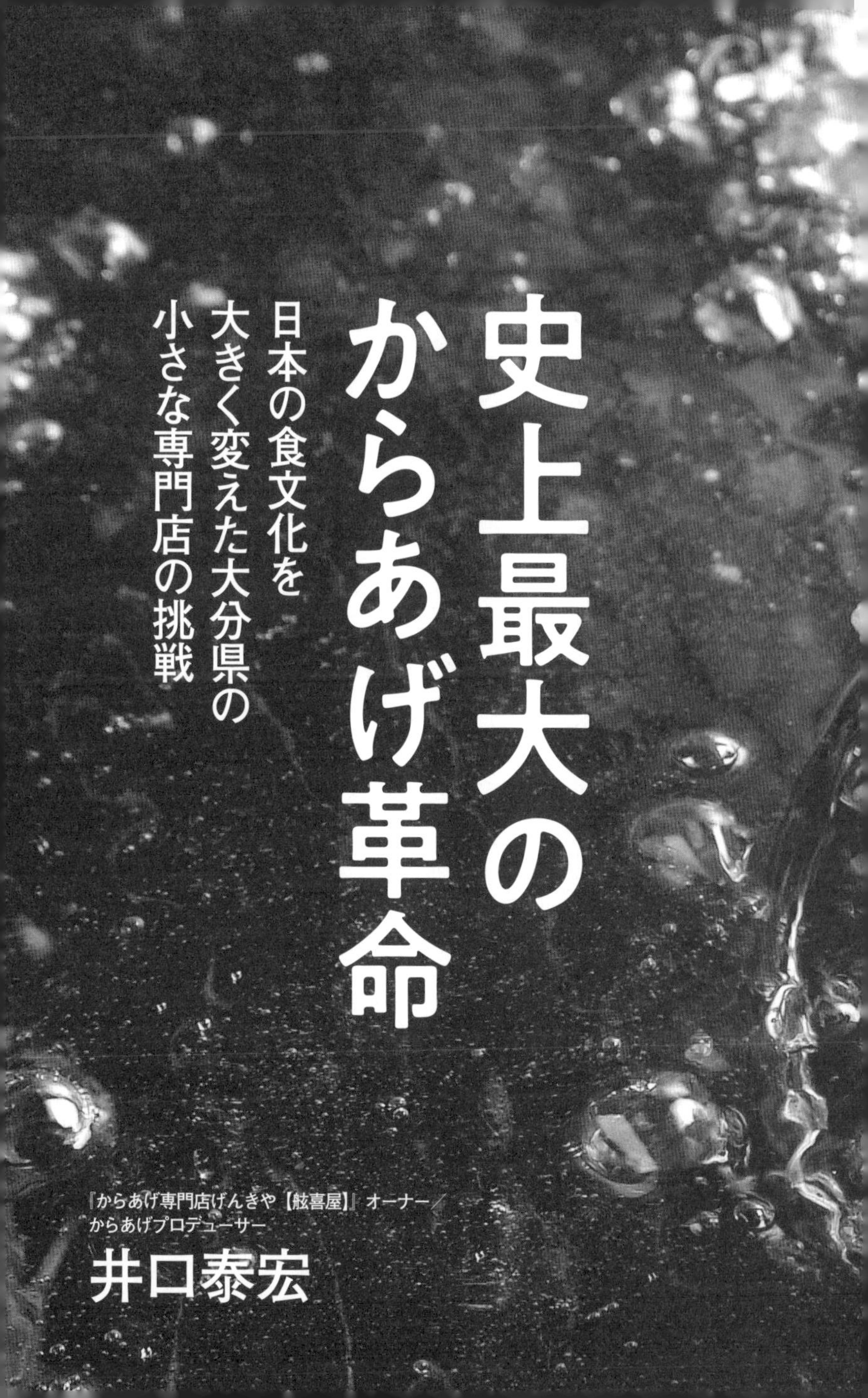

史上最大のからあげ革命

日本の食文化を大きく変えた大分県の小さな専門店の挑戦

『からあげ専門店げんきや【舷喜屋】』オーナー／
からあげプロデューサー
井口泰宏

はじめに

「日本でいちばんうまいからあげ店さんはどこ⁉　第9回『からあげグランプリ®』の『西日本しょうゆダレ』部門の栄《は》えある最高金賞に輝いたのは……大分県中津《なかつ》市『からあげ専門店げんきや【舩喜屋】』さんです！」

それは、忘れもしない2018年4月17日のこと。私が2009年から始めた『からあげ専門店 げんきや【舩喜屋】』（以下、『げんきや』）が、開店10年目にして「からあげグランプリ®」の最高金賞を受賞した瞬間です。

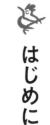

「日本唐揚協会」主催の「からあげグランプリ®」は、協会の唐揚検定試験に合格した〝カラアゲニスト〟と、一般のからあげ好きの方たちの投票によって、日本でいちばんおいしいからあげ店を決める年に一度の大会です。

この大会は2010年から始まり、現在は「素揚げ・半身揚げ部門」「しょうゆダレ部門」「塩ダレ部門」「手羽先部門」など11部門に分かれていて、それぞれ3～10軒ほどの店が金賞に選ばれます。さらに各部門で1軒だけ最高金賞を受賞することができますが、からあげ屋を営《いとな》む人間にとっては、最高金賞受賞は最高の栄誉となります。

私の現在の活動は、自分が創業したからあげ店『げんきや』の経営だけにとどまりません。そのほかに、私が作り上げた味を他のお店に提供したり、大手製粉会社さんと組んでてんぷら粉を作ったり、コンビニエンスストアやスーパーのからあげを監修したりと、いわゆる「からあげプロデューサー」としても活動しています。

実は、「からあげグランプリ®」においては、『げんきや』よりも先に、私が味をプロデュースしている『からあげ専門店　鶏笑《とりしょう》』（以下、『鶏笑』）が金賞を受賞しています（2011年第2回大会「東日本しょうゆダレ部門」）。『げんきや』として金賞を獲ったのは、翌年の第3回大会のこと（西日本しょうゆダレ部門）。思い入れのある『げんきや』の看板での金賞受賞は、嬉しさも格別のものでした。

ただ、それから毎年連続して金賞を受賞するものの、なかなか最高金賞には届かない年が続きました。

別に賞を獲ることが目的でお店を経営しているわけではありませんが、『げんきや』を支えてくれるお客さまに喜んでもらうためにも、〝からあげ日本一〟の称号である最高金賞を獲得したいとは思っていました。

そしてついに18年、冒頭のようにその夢を叶《かな》えることができたのです。7大会連続の金賞受賞、そして8年がかりでの最高金賞ですから、その喜びは言葉には表せません。嬉しいを通り超して、まさに最高の気持ちでした。

なかなか理想の味にたどり着けずに迷走した苦労、開店当日の失敗など、いろいろな思い出が走馬灯のように頭の中を駆け巡り、思わずウルッとしたほどです。いえ、正直に言うと……号泣しました（笑）。

私の『げんきや』がノミネートされた「西日本しょうゆダレ部門」というのは、「からあげグランプリ®」の中でも特にレベルの高い激戦部門です。中津市、宇佐《うさ》市というからあげの聖地・大分県を含む九州と沖縄、それに中国地方を加えた地域ですから、店舗数が他の地域よりも多いですし、しかも名店ぞろいです。

例えば、『げんきや』が最高金賞を受賞した18年の第9回大会では、グランプリ受賞の

10店中6店が大分県の中津・宇佐の店で、20年の第11大会では6店中5店を中津・宇佐の店が占めています。

そのため、西日本のお店の中には、激戦区の「しょうゆダレ部門」ではなく、「素材バラエティ部門」や「味バラエティ部門」など、他の部門で勝負を懸けているところもあるようです。強豪ひしめくハイレベルな西日本しょうゆダレ部門の中で最高金賞といったら、名実ともに「からあげ日本一！」だと胸を張ってもいいのではないでしょうか。

年々レベルが上がってきている中、さすがに2度目の受賞はないかと思っていたら、20年の第11回大会で再び最高金賞を獲得することができました。

そのほかにも『げんきや』では「九州とり肉グルメグランプリ２０１２」優勝、「第1回九州ご当地グルメ王座決定戦」チャンピオンなどタイトルを16冠獲得し、『鶏笑』では第8回「からあげグランプリ®」で「チキン南蛮部門」最高金賞を受賞するなど、私がプロデュースしたお店は全部で21のタイトルを得ています。これは中津一、いや、もしかしたら日本一の数字ではないかと自負しています。

お店の評価を形にしていただくという意味で、こうした賞は何度いただいても嬉しいものです。ただ、これまでずっと賞を獲ってきたのに、いきなり獲れなくなったら「味が落ちた」と思われるのではないかという不安、怖さもつきまといます。

おかげさまで、私の始めた『げんきや』に加え、私がからあげの味を提供している『鶏笑』などの店を含めると、からあげ専門店プロデュース店舗数で日本一を達成することができました（「日本唐揚協会」２０２1年3月末のデータより）。

ここ十年くらいのからあげブーム、そして新型コロナウイルス禍による巣ごもり需要によって、ビジネスも伸びています（もちろんコロナの一日でも早い収束を願っています）。

しかし私の夢はとどまることを知りません。まずはさらに美味しいからあげを研究、追求して日本中のお客さまに笑顔を届けたい。そして、日本が誇る素晴らしいからあげ文化を世界中に広めていきたいのです。

世界に羽ばたくにあたって、なぜ私がからあげ屋を始めたのか、そして大分県に根付くからあげ文化の魅力も含めて、私のこれまでの半生をまとめてみようと思いました。

私は恵まれた環境で育ったわけでもなく、親の家業を継いだわけでもありません。裸一貫でからあげ屋を始めたといってもいいでしょう。

ただ、逆に私がからあげの素人だったからこそ、からあげ業界のそれまでの常識を覆す「革命」をいくつか成し遂げて来られたのかもしれません。

もちろん、ここに至るまでの間には、数々の苦難がありました。

私のような凡人が先人たちのどのような言葉に影響を受けて試練を乗り越え、ついには幸運にもからあげ日本一にまでたどり着くことができたのか――読んでいただいた方に少しでも勇気や夢を与えられたらと思います。

皆様に「感謝」を込めて――。

『げんきや』オーナー／からあげプロデューサー　井口《いのくち》泰宏《やすひろ》

CONTENTS

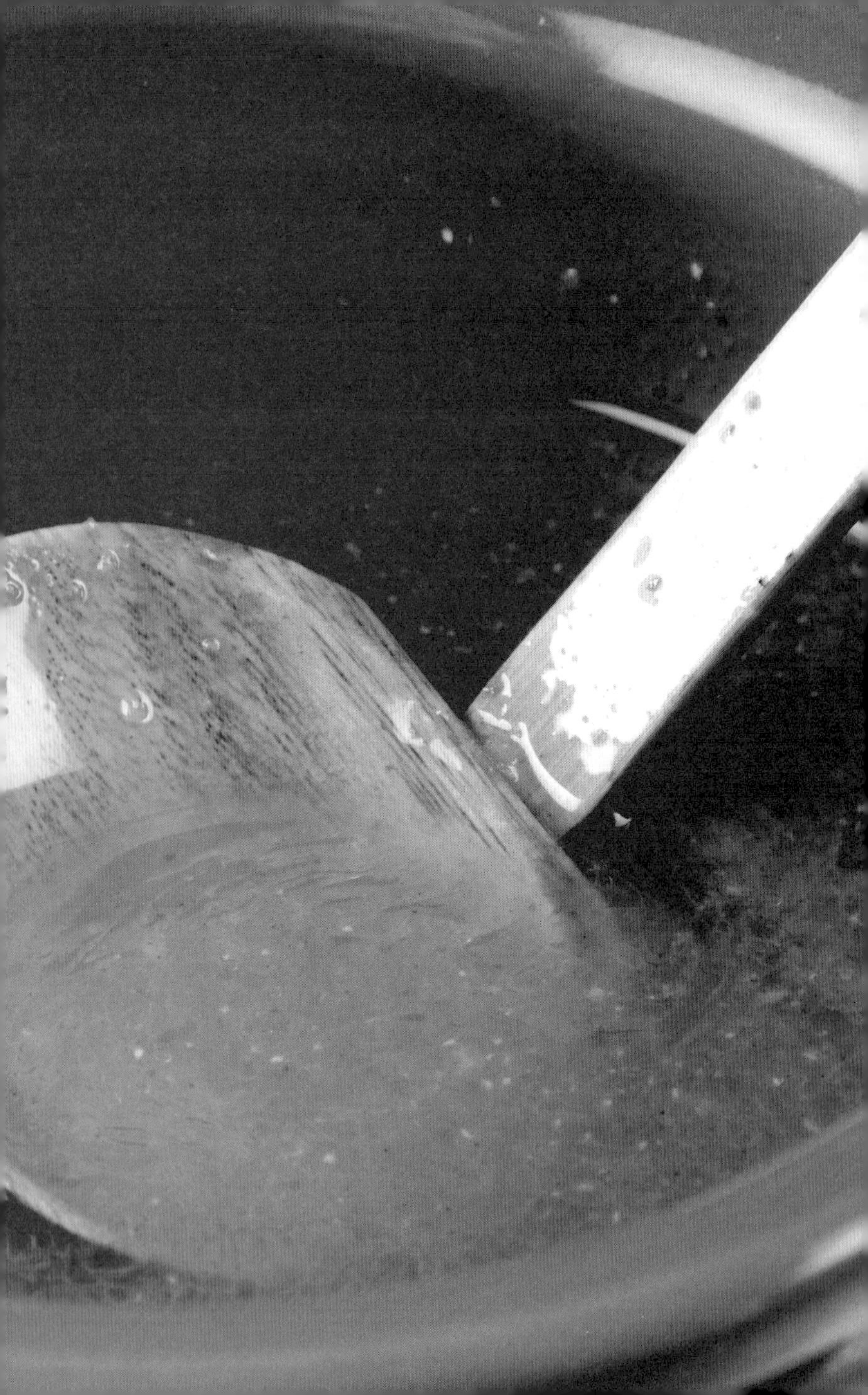

第1章

『げんきや』のからあげは「ムネ肉」の革命を起こした!?

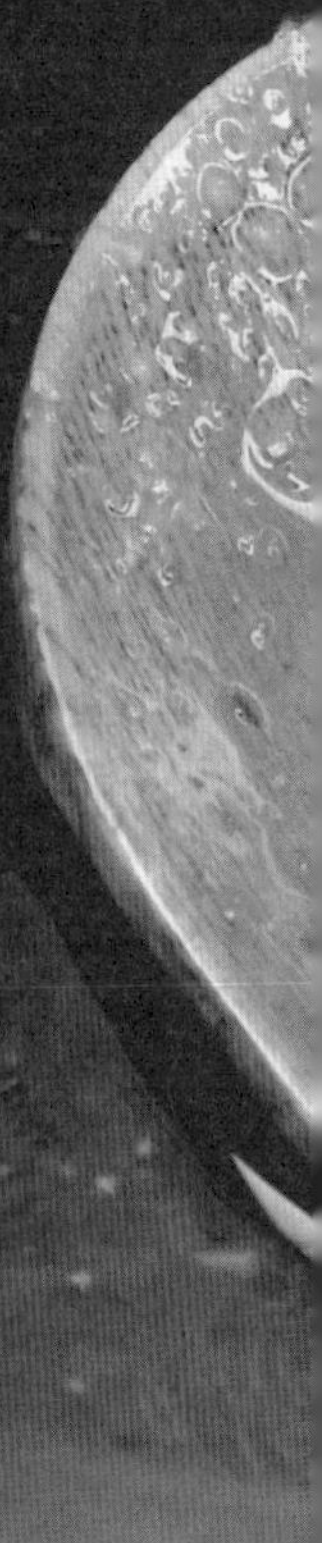

練習とはまったく別物に……泣きながら揚げたオープン初日

「あれ……な、なんだ、この味は!?　こんな味じゃ、とてもお店で出して売ることなんてできない！」

それは忘れもしない2009年7月初旬のこと。意気揚々とオープンに漕ぎつけた『げんきや』の営業開始2時間前のことでした。

開店の準備を整えて、鶏肉を揚げて味見をしたところ、それまで練習してきたからあげとはまったくの別物になっていました。

「中津からあげ」は、基本的にしょうゆに生姜《しょうが》、ニンニクなどの薬味を加えたタレに国産の鶏肉をじっくりと漬け、片栗粉をまんべんなくまぶして高温でカラッと揚げていくのが特徴です。私は、これまで練習してきた通りの手順で、調味料もそれまでとまったく同じ配分で作ったのですが、出来上がったものは想定とはまったく違い、塩からくて食べられたものではありませんでした。

いったい、なぜ――?　これまでと変わったところといえば、販売用に鶏肉を大量に仕込んだという点だけです。

思い返すと、店を出す前の研究、実験、練習段階では、いつも500g〜1kgぐらいの肉でからあげを作っていました。なぜなら、量産することよりも、味付けと揚げ方に主眼を置いていたからです。

実際にお店で販売するとなると、それまでの練習の量の10倍から20倍の鶏肉を揚げていかなくてはいけないことは当然わかっていました。当時の私は、「肉の量が10倍になるのだったら、下味を付ける調味料や薬味の量も10倍にして漬ければいい」と単純に考えていたのです。

しかし、それは大きな間違いでした。私が試みていた製法では、肉の量が10倍になった場合、塩分濃度も味もまったく変わってしまいました。単に量に比例して調味料も増やせばいいというわけではないことは後から知りました。

飲食店をビジネスとして手掛けた経験のなかった私には、そうした知識が頭の中にまったくなかったのです。

いま考えると、本当ならプレオープンや試食会を実施し、本番を意識して鶏肉を10kgから20kg揚げてみるべきでした。お店のオペレーションを含めて、本番に備えてテストでき

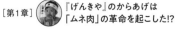

るチャンスを作れたはずですが、私自身、初めての出店ということもあって、そこまで考えが至らなかったのです。

いきなり〝まさか〟の事態に陥り、目の前が真っ暗になりました。お店のオープンまでの時間は刻々と迫っています。オープン記念のセール告知のチラシはすでに配布済みで、いまさらオープンを先延ばしにすることなどできません。

私は自分の力のなさを痛感しましたが、その場でできることをやるしかありません。まず、調味料に漬け込んでいた鶏肉をいったん水ですべて洗いました。そして、その場で再び調味料を調合して、からあげを何度か揚げてみたのです。しかし、練習では作れた味のレベルにはなかなか到達することができません。

やがて無情にもお店オープンの時間を迎えました。晴れがましい気持ちや高揚感など一切なく、私は店の厨房《ちゅうぼう》で泣きながら、何とか味をごまかしてからあげを揚げるのに必死でした。本当にその場しのぎで、適当に味を調整して、商品としてはギリギリのレベルで販売するしかなかったのです。

これが、日本でいちばんおいしいからあげ店を決める「からあげグランプリ®」で最高金賞を2度も受賞した『からあげ専門店 げんきや【舩喜屋】』の開業初日の真実です。

この地獄のような作業は翌日以降も続きました。初日に何とかごまかして作ったレシピすらなかなか再現できないからです。それはそうです、何といってもその場しのぎで適当に調合した偶然の産物ですから、再現性がないのは当然です。

げんきやは、船出と同時に座礁したかのような危機的状態に瀕したのです。

どうせからあげ屋をやるなら日本一の中津で勝負したい！

大分県では「鶏のからあげが県民食」といわれるほどからあげが浸透していますが、中でも中津市、宇佐市、豊後《ぶんご》高田《たかだ》市といった県北エリアが〝からあげの聖地〟といわれるほどの大激戦区となっています。

その中でも王者とされている街が、大分県の第三の都市・中津市です（第一は大分市、第二は別府市）。市内にあるからあげ専門店の数はなんと50を超えます。

私は35歳くらいの時からからあげ屋を始めようと考え始めましたが、どうせやるのだったら**「日本一レベルの高い中津で勝負したい！」と思っていました**。私の母が幼少期を過ごした街ということも、その決意を後押ししていたのです。

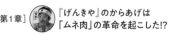

飲食系のビジネスの経験がほぼなく、特に勝算があったわけでもありません。ただただ挑戦心、冒険心にかきたてられたというのが本当のところです。もちろん、マーケットとしてもいちばん大きい点は魅力でした。

「おいしいからあげ専門店が軒《のき》を連ねる中で、先輩たちと切磋琢磨して、いつかは中津で1番になるんだ！」

私の胸の中ではそのような夢が膨らみ、中津で商売を始めると決めてからはワクワクした気持ちがとまりませんでした。いま考えると無謀そのもの、冷や汗が出ます。

ただ、普通にやっても先輩方とは勝負にならないのはわかってはいましたから、私なりに策を練りました。

まず、からあげ以外の商品、例えば「チキン南蛮」や「とり天」といった、普通のからあげ専門店には置いていない、いわゆるサイドメニューを充実させました。老舗《しにせ》のからあげ専門店にしてみれば邪道だったのかもしれませんが、異業種から飛び込んだ私には良くも悪くもそのこだわりはなく、「同じ鶏だし、おいしければいい」という考えでした。

また、当時は他のからあげ屋さんはお弁当を販売していなかったので、私は初めからお弁当もやることにしました。

とはいっても、肝心のからあげがおいしくないとお客さまは来てくれません。私はからあげが大好きで、お店を始める前には全国のからあげを食べ歩いてきた経験があり、舌には自信がありました。また、開店前の練習ではそれなりにおいしく揚げることができていたので、からあげのことなら何でも知っている気になっていたのです。

オープン当初は他の店のライバルにすらなれない現実

開店早々、実は私は鶏肉のことをほとんど理解していなかったことに気が付きました。商売道具のことを知らないなんて、まさにスーパー素人が始めたお店そのものです。

「まぁ、これくらいの味ならお店で出しても文句は言われないだろう」

そんな低い意識のまま、ちゃんとしたレシピも完成させずに見切り発車で店をオープンしてしまったのです。しかも、鶏肉の調理についても無知だったので、最初の頃は日によって味が違いました。

「なんでこんなに塩分濃度が変わるんやろうか?」

「なんでこんなからくなるんだ? おかしいな」

そう悩む毎日でした。

作る日によってからあげの味が濃かったり薄かったりしたので、現場で試しに作って食べてみて、味が濃過ぎたらミネラルウォーターで鶏肉を洗って調味料を落とす――その作業の情けなさといったら……本当に涙が出ました。

そんなドタバタなど知らず、中津の街でからあげ屋をやっている先輩たちが味を偵察にやってきました。同業者として、新規のお店ができれば興味が湧くのは当然です。

後日、その先輩たちから、「この店はあってもいい」と言われました。それは、存在を認めてくれるという意味ではありません。その逆です。『げんきや』が営業していても、自分たちの店の売上に影響が出ることがない……**つまり「おいしくないので客を取られる心配はない」という意味です**。

中津からあげの大先輩で私が尊敬している『元祖中津からあげ もり山』(以下、『もり山』)のオーナー・森山浩二さんから最初に言われた言葉は、「ライバルにならない」のひとことでした。いまでは仲良くしてもらってとてもお世話になっていますが、「いまやから言うけどね、あの時は『この店はあってもいい。もうまったく問題ない』って思ったよ」と笑い話のネタにされています(笑)。

数カ月で廃業の危機……共同出資者から店を買い取ることに

「げんきやの味」を完成させないまま見切り発車してしまい、オープン当初からいきなりつまずきました。お客さまも現在の5分の1以下だったので当然黒字になりませんし、最初の数カ月で廃業を考えるところまで追い詰められてしまったのです。

実は、当初は友人と共同でお店を経営していました。もちろん、言い出しっぺは私でしたが、シフトの兼ね合いや何かあった時のことを考えて、パートナーがいたほうがいいと思い、からあげ屋に勤務経験のある友人を誘ってお店を始めたのです。

ところが、オープンしてからもなかなか味が安定しないことから苦戦が続き、ふたりで一緒に頑張ったものの、ジリ貧状態に陥ったのはここまで綴った通りです。

現状を打破できる手立てが見つからず、このままではお先真っ暗。これ以上赤字を増やすくらいなら、いまやめてしまったほうがいいかもしれない――私から誘って始めた商売でしたから、彼の意志を尊重しようと思い、「この先どうする？　この店、いるっちゅうならあげるよ」と言いました。そうしたら、「いりません」と即答です（笑）。

正直に言って、私はまだお店に未練がありました。いえ、未練というより「意地」と言ったほうがいいかもしれません。まだ刀が折れるまで戦ってもいないのに負けを認めるのが嫌でした。負けるなら負けるで、全力で戦ってから土俵を降りたかったのです。

パートナーは私に「すべてを任せる」と言ってくれました。そんなパートナーにはいまでも心から感謝しています。そして**「これは逆に、自分の腕一本で戦うチャンスが与えられたのではないか？」**と、私は前向きに捉えました。

お店を出す時に彼が半分出資してくれていたので、私がそれを買い取るとともに、私自身が店の店主、オーナーとなって再出発する道を選んだのです。

「自分のやりたいように思う存分やってみよう。それでダメならダメで、またその次を頑張ればいいさ」

そう思うと腹を括《くく》れました。

『舷喜屋』と屋号を変えて、日本一へと再出航！

友人とふたりで始めた『げんきや』に込められた意味は「元気な家」でした。このネーミングに関しては、「アットホームなお店にしたい」、「心意気を出したい」という私たちの気持ちも込められていました。

私としては、自分の新しいお店としての再出発にあたり、看板を変えることを考えました。しかし、『げんきや』という名前で少しずつ知られるようにはなっていましたから、「げんきや」の読みのまま、当てる漢字を『舷喜屋《げんきや》』と変えたのです。

最初は漢字の「舷喜屋」でロゴを作ってバン！　と出していたのですが、周囲から「読めない」と不評だったこともあり、平仮名に戻して、『からあげ専門店げんきや【舷喜屋】』という現在の形に落ち着きました。

なかなか普段は使わない「舷」という字ですが、船の側面（ふなばた）という意味があります。私はマンガの『ＯＮＥ ＰＩＥＣＥ』が大好きだということもあり、船にまつわる漢字を使いたいと思っていました。新たに名前に採用した「舷喜屋」という3文字には、「仲間と船に乗り込み、喜びと共に出発！」と、洋々《ようよう》たる未来に出航するような雰囲気を感じられて気に入っています。

こうして、一度失敗はしましたが、「からあげで日本一を獲るぞ！」という願いを店名に込めて、何もないところから改めて出航することにしたのです。

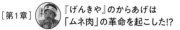

それから我が『からあげ専門店 げんきや【舩喜屋】』のミラクルと怒涛《どとう》の快進撃が始まります。そのきっかけは、周りのからあげ屋があまり力を注入していなかった鶏の「ムネ肉」にありました。

からあげの本場でも軽んじられていた部位「ムネ肉」に活路が！

実は、私は鶏のムネ肉のからあげが大好きです。学生時代、ラグビーの選手だったこともあり、安価でヘルシーなムネ肉を好んで食べていました。高タンパクなのに低脂肪・低カロリーで、値段もお手頃。ダイエット食としても重宝《ちょうほう》されているムネ肉には、疲労回復などの効果もあります。

ただ、ささ身も含めてムネ肉というのは、調理にひと工夫がないとパサパサになっておいしくありません。その点、ケンタッキーフライドチキンさんなどはムネ肉でも十分おいしく仕上げています。私もヘルシーなムネ肉を何とかおいしくして提供したいという思いがありました。

まだ私が店舗を出す前で、からあげのことをいろいろと勉強している中、「骨なしミックス」という形でモモ肉とムネ肉をセットにして売っている店はすでにありました。

しかし、その中でムネ肉というのは、モモ肉と同じように味付けをして揚げているというケースが多く、あくまでモモ肉の〝おまけ〟のような存在と感じていました。しかも、冷めたら堅くなって、もう一度買って食べたいと思えるような商品にはなかなか出会いませんでした。そこで、私はムネ肉を徹底的に研究し始めました。**たぶん日本中のからあげ屋で、ムネ肉にここまでこだわったお店の元祖だと思います**。

まだ店を出してない時でしたが、私は中津のからあげ屋の老舗に行って、「ムネのからあげはやらないんですか？」と質問したことがあります。

返ってきた言葉は、「そんなの、あらるっか！」――地元の方言で「そんなの、やるわけがないだろ！」というようなニュアンスです。

はなから「ムネなんてお店で出すような部位じゃないだろう」という反応で、まったく関心がなさそうに言われたのを覚えています。

私は、逆に「コレだ！」と思いました。絶対にムネ肉が好きな人はいるはずですし、何よりもムネ肉は安価なのが魅力です。それなのに、老舗の店長さんがそれを扱うのを放棄しているわけです。私はそこにチャンスを見出《みいだ》しました。

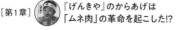

〝もしムネ肉を誰もが認める形でおいしくできれば、からあげ界でも勝負ができるのではないか！――〟

すぐにピンと来ました。その時はできるかどうかもわかりませんでしたが、そこから私の挑戦が始まったといっても過言ではありません。

そう簡単にはおいしいからあげになってくれないムネ肉

私は『げんきや』を始めるまでに、他業種の仕事を多く経験してきました。その際、幸運にものちにつながる多くのご縁ができましたし、さまざまな見識を深めることができました。そんな中で、成功するためにはその店ならではの〝ウリ〟を作るべきだと考えていました。

「この店はいったい何がいちばんおいしいのか？」

「この店でしか食べられないオススメ商品は何か？」

それが明確でないと、新参者に勝てるチャンスはないと知っていたからです。すでに歴史や名前、実績がある店はそれをウリにできますが、新規の店にはそれがありません。ウリがないのだったら、やはり「『げんきや』といえば○○だよね」というウリを、いくつか作っていかなければいけないという発想でした。

その筆頭に考えたのが、「ムネ肉のからあげ」だったわけです。なぜなら、中津の周りのお店ではほとんど力を入れていない部位だったので、**うまくいけばげんきやの一人舞台になると確信が持てたからです**。

しかし、「鶏肉のからあげ」といえば、柔らかく、ジューシーなモモ肉以外にないと、誰しもが考えています。しかも、たまたまかもしれませんが、おいしいムネ肉のからあげにはまだ私は出会っていませんでした。

これは、チャンス以外の何ものでもありません。

〝ムネ肉のおいしいからあげを作れば日本一も夢じゃない。もしかしたら、からあげ界で「革命」を起こせるかもしれない!〟

私の夢は大きく膨らみました。

しかし――おいしいムネ肉のからあげを作るのはもちろん簡単なことではありませんでした。下味の調味料、油の種類、温度、揚げ方などいろいろ試して、徐々に味は良くなっていくものの、私の理想と描くムネ肉のおいしさにはなかなか達しません。

試作を重ねていくうちに、まだまだ改善の余地はあるものの、お店で売るには最低限のレベルには達したと判断したことから、「もうオープンしてしまえ！」と、２００９年７月、前述のようにお店をオープンさせたのです。

結果は、冒頭に書いたように大失敗。商売はそんなに甘いものではありませんでした。ただ、当初は共同出資でしたから、私が独断ですべてを進めるわけにもいかず、パートナーに配慮しないといけない部分もありました。

しかしその後、自分が店を買い取ったことで、思い付いたいろいろなアイデアをやりやすくなったのも事実です。失敗してもすべて自分の責任だし、誰にも迷惑をかけない。そもそもすでに失敗しているので、これ以上のダメージもありません。

悔いを残さないためにも「やりたいようにやってやろう！」と決意できました。そこからはある意味で開き直って、自分の気持ちに素直に動けるようになったのです。

いま思うと、**ビギナーズラックがなかったのが良かったのかもしれません**。最初に失敗したがゆえに立て直す余地がたくさんありました。完全にマイナスからのスタートですから、やればやるほど成功へのきっかけになります。

ムネ肉を柔らかくできる方法はあるのか？

私がムネ肉をおいしいからあげに仕上げるために研究する中で、非常に運の良いことがありました。それは、義理の弟が生物学を専門分野とする研究者だったことです。

彼は東京大学から東京大学大学院に進学し、そのあと海外の大学にも留学したほど非常に頭がいい人物でした。

ある日、おいしいからあげを開発しようと、ムネ肉にしょうゆ、生姜、ニンニクなどを混ぜ合わせて仕込んでいる時でした。ふと、肉を柔らかくする方法は何かないのかなと考えたのです。

例えば、牛ステーキ肉を柔らかくするためにはパイナップルやリンゴ、あるいはヨーグルト、炭酸水などがいいと聞いたことがありました。

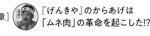

誰か、こういうことに詳しい人間はいないか……と思い返した時、義弟のことを思い出したのです。

そこで、彼に「鶏のムネ肉をおいしくする方法、パサパサな肉を柔らかくする方法って何か思いつかないか?」と相談してみました。

ただし、たとえムネ肉が柔らかくなるとしても、**私は絶対に柔らかくすることを目的として人工添加物は使いたくありませんでした**。それでも義弟は快諾をしてくれて、数日のうちにいくつかアイデアを出してくれました。いまでも義弟には心から感謝しています。

こうして、ムネ肉を柔らかくするヒントは得られましたが、すぐに商品化できたかというと、そんなことはありませんでした。

ここからさらに1年以上、義弟からのヒントも活かしながら、ムネ肉を柔らかくする研究に没頭しました。

並行して、知識を深め、揚げ方も実験する。おおげさではなく、ムネ肉を柔らかく、そしておいしくする方法の研究に生活のほぼすべてを捧げたのです。

結果、調味料やスパイスの配合バランスや漬け込み方なども試行錯誤の連続でしたが、ようやく私だけの「オリジナル理論」にたどりつくことができました。

正直に言うと、皆さんに評価していただいて、「からあげグランプリ®」の最高金賞などさまざまな賞を獲得できたいまでも、まだまだ改善の余地があり、もっとおいしくなるはずだと日々努力をしているところです。

秘伝のタレが完成する「Xデー」がついにやってきた！

再スタートを切ってから毎日毎日、ムネ肉を柔らかくする方法を追求しながら、薬味などを使い、その配分を少しずつ変えては揚げてみて、からあげをおいしくする実験をずっと重ねてきました。

オープンから1年が経過し、「オープン当初の頃よりはだいぶおいしくなってきたな」という手応えを日々感じてはいました。

しかし、中津の「名店」といわれるところから見れば全然まだまだ相手になりませんし、ムネ肉も堅いままで満足がいかない日々が続いていたのです。

お店がオープンしてからそろそろ2年になろうとしたある日のこと。突然、「Xデー」がやってきました。

「な……何、これ？」

思わずそう唸《うな》らずにはいられないような、ビックリするほどおいしいからあげが出来上がったのです。明らかにこれまでのものとは違います。

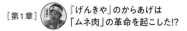

もともと、江戸時代創業の中津のしょうゆと生姜、ニンニクをベースに、果汁、そして数種類のスパイスを調合してタレを作っていたのですが、そこに微妙に配分を変えながら3種類のオーガニックハーブを加えたところ、私が追い求めていた味……いやそれ以上のおいしいムネ肉のからあげが出来上がったのです。

「これぞ理想としていた味だ！」

そのムネ肉のおいしさといったら……毎日からあげを食べてきた自分たちですら感動する出来でした。理想のからあげのレシピがとうとう完成し、「やっと来た〜！」と大声で叫びました。その時、お店のオープン時から一緒に働いてくれている丸尾君という従業員と握手して、からあげを食べながら泣いたのを覚えています。**まさに自分の中で「革命」が起こった瞬間でした**。

ちなみに喜びを分かち合った丸尾君ですが、現在は『げんきや』本店の部長として活躍してくれています。大切な仲間と一緒に仕事できるのはとても幸せなことです。

それまでも、百貨店の催事などに呼ばれて出店《でみせ》で揚げる機会が何度もあったのですが、その場合も当日に味付けして、濃かったら炭酸水を入れるなど現場で調節していたのです。

しかし、ようやく「これがウチの味です！」と自信を持って言えるタレを手にでき、もうブレることがなくなりました。

モモ肉のからあげの場合、例えば高級ブランドの鶏を使えば、その分だけおいしくなるものです。しかし、面白いことに、ムネ肉の場合はそうではありません。どんなにいいムネ肉であっても、きちんとした調理法を知らなければパサパサになってしまいます。その点ではモモ肉とは特性《とくせい》が全然違います。

現在ではいろいろな人たちが研究をしていて、私のやり方と一緒かどうかはわかりませんが、ムネ肉をおいしく調理する知識や技術というのはだいぶ広まっています。ただ、それを10年以上前からやっていたという自負が私にはあります。

こうして秘伝のタレを完成させてからは自信を持ってムネ肉を売り出すことができ、それとともにお店の売上も急速に伸びていきました。

そこからはミラクルの連続です。

「はじめに」でも触れたように、2011年の「からあげグランプリ®」第2回大会の「東日本しょうゆダレ部門」で、私が味をプロデュースしている『鶏笑』がいきなり金賞を受賞しました。

こうしたミラクルは、21冠の獲得を経て、幸運にも今日《こんにち》にまで続いています。

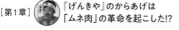

中津からあげ界のレジェンド・森山さんとも懇意に

次の章で詳しく述べるつもりですが、私が『げんきや』をオープンさせた2009年頃から、日本中で「第2次からあげブーム」が始まりました。これもミラクルの最初のきっかけといえるでしょう。

中でも大きかったのが、テレビ番組『カミングアウトバラエティ!! 秘密のケンミンSHOW』（日本テレビ系列）が「中津からあげ」を取り上げたことでした。

放送直後から街全体がおおいに盛り上がり、大分県のご当地グルメに過ぎなかった中津からあげが全国的に知れ渡ることになりました。市役所や青年部などには「からあげの専門店なんて本当にあるの？」といった問い合わせが殺到したとも聞いています。

九州はもちろん、日本全国から、からあげを目当てにした観光客も訪れるようになり、テレビや新聞、雑誌などの取材も舞い込むようになりました。

そんなある日、「一過性のブームに終わらせず、中津を〝からあげの聖地〟として定着させるために何かできないだろうか」と、中津のからあげ店のオーナーたちが集まりました。そこで、取材や観光客への対応を含めて、みんなで中津を盛り上げようと、「聖地中津からあげの会」という団体を作ることになったのです。

ちょうど、中津の名店『元祖中津からあげ　もり山』さんが東京に進出して、全国的に有名になりかけた頃とも重なります。地元では『もり山』さん、『からあげの鳥しん』（以下、『鳥しん』）さん、『からあげ大吉』さん、『ぶんごや』さん、『からあげ屋チキンハウス』さんなどが有名で、中津の中でも一目置かれている存在でした。

その時点では、私はまだまだぺーぺーでおこがましかったのですが、一応からあげ店オーナーということで会合に出ることになりました。まだムネ肉をおいしくする方法やタレを完成させる「Xデー」が来る前の話です。

せっかくの機会ですから、全国でも名高い『もり山』の森山浩二さんに話し掛けようと思ったのですが、森山さん、顔が怖いんです（笑）。

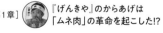

でも、直接お話ができる機会などこれまでなかったので、思い切って声を掛けました。私はノートとペンを持って森山さんの目の前で正座をして、「僕、『げんきや』といいます。いろいろ教えてください！」と頭を下げました。

さすがに味付けに関して聞くのはルール違反ですが、お店のつくりやフライヤーの洗い方のコツなど、基本的なことを質問させてもらいました。私は他店での修業経験もなく、からあげの師匠がいるわけでもなかったので、お店を開業させてもなお、本当に知らないこと、わからないことだらけだったのです。

そんな私の不躾《ぶしつけ》な質問にも、森山さんは丁寧に答えてくれました。そして、「おまえ、すごいな～。勉強熱心で」と感心してくれました。駆け引きだとか損得なしに、本当に純粋な気持ちから質問したおかげでしょうか、私に好感を持ってくれたようでした。

いろいろ話してからわかったのですが、ラッキーなことに、森山さんはなんと同じ大学の先輩でした。中津からあげ界のレジェンドと共通の話題ができたので、「おお、やった！」と心の中でガッツポーズです。しかも、森山さんの息子さんと私が同じ誕生日であることもわかりました。人間の縁とは本当に不思議なもので、その場ですっかり意気投合し、そこから今日に至るまで、かわいがってもらうようになりました。

もうひとつの有名店『鳥しん』さんのオーナー・角信一《すみしんいち》さんとは、私がからあげ屋をオープンする前の20代の時に仕事を通じて知り合っていました。角さんはとても温厚で人柄も素敵で、大好きな先輩です。からあげ界に私が新規参入した時には、角さんは「うちの店に遊びにおいでよ」と言って、いろいろと手取り足取り教えてくれました。

森山さんと角さんという、中津のみならず全国にその名が知れ渡る2軒のオーナーと親しくなれたというのは、私にとって非常に幸運なことでした。

もちろん、その他のお店の先輩の方々にも大変お世話になっていて、感謝の気持ちを忘れる日は一日たりともありません。

中津からあげの会の幹部に食い込んだ「奇跡のチョキ」

「聖地中津からあげの会」設立の会合では、それまではライバルとして切磋琢磨してきたからあげ店のオーナーたちが初めて一堂に会し、ともに中津の街を盛り上げていくことで意見が一致しました。

そして、この会を主宰した人たちが重要なポジションに就いていきましたが、その他にも役員が何名か必要だということで、公平にジャンケンで決めることになりました。

そうした経緯もあって、中津のからあげ店の中では何の実績もなく、まだ駆け出しの私にもチャンスが巡ってきたのです。結果、最後のジャンケンにチョキで勝って、ラッキーなことに会の役職に就くことになりました。**このジャンケンは、中津の仲間内ではいまで**

も「奇跡のチョキ」と言われています（笑）。

役員になったおかげで、ぺーぺーの私が中津からあげ界の中心の人たちと仲良くなれたというのが、大きなアドバンテージとなりました。

実際のところは、自分の店の経営以外のところで仕事が増えるわけですから大変でしたが、有名店の先輩たちを含めて、いろいろな人たちと知り合えたおかげで、勉強の幅も知識量も一気に広がりました。

当時、私は本当にド素人で、恥も外聞もプライドもありませんでしたから、わからないことはわからないと素直に聞いて、いろいろと教えてもらいました。

実際に自分が経営しているお店のやり方にしても、比較対象がなかったので、正解かどうかどうかわからなかったのです。そこで先輩たちに確認したら、間違えていたこともたくさんありました。

その頃、『げんきや』の経営は軌道に乗っているとは言いがたい状況でした。すべてが試行錯誤の状態でしたが、まずは「人脈」という部分が整っていったといえるでしょう。

そして、そうこうしているうちに、「これが『げんきや』のからあげだ！」と味が決まる「Xデー」が訪れたわけです。

専門店プロデュース店舗数日本一を達成！

これも後で詳しく述べますが、私は20代の時から、仕事で全国を走り回って、多くの経営者たちと知り合いになっていました。

前述のように、中津からあげが『ケンミンSHOW』で取り上げられてからブームになり、さまざまなテレビ番組が私の店にも取材にやってくるようになりました。そして、たまたま私がからあげ屋の店主としてテレビに出ているのを、以前のビジネスでお付き合いのあった方々が見てくれていて、「俺もからあげ屋を経営したいから、手伝ってくれないか？」という問い合わせの電話がかかってくるようになりました。

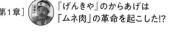

「やりたい」というのであれば、反対する理由などありません。**からあげの文化が広まることは幸せなことですから**。特にフランチャイズを募集したわけではないのですが、そこから私が味をプロデュースしたお店が広まっていったのです。

『げんきや』の2号店としては香川県に高松香大前店ができて、その後、宮城県仙台市や三重県津市、兵庫県西脇市に進出した他、大分県内や香川県内にも店舗が増えていき、現在では10店舗を営業しています。

それから、「『げんきや』という名前でなくてもいいか？」という話も舞い込んできましたが、私は名前を広めることにはこだわっていなかったので了承しました。

私の立場も、単なる『げんきや』のオーナーに、**げんきやの味を他店や他業態にプロデュースしていく〝からあげプロデューサー〟が加わりました**。

そうした経緯から、私が味をプロデュースした店として『からあげ専門店　鶏笑』や『からあげ専門店 とりかじ』（以下、『とりかじ』）が全国展開していくこととなったのです。

特に『鶏笑』は、北は北海道、南は熊本まで国内約２００店舗（２０２１年1月現在）のほか、台湾など海外にも展開しています。

もし、「『げんきや』のからあげを食べてみたいけど、近所にお店がない」という方がいらっしゃいましたら、ぜひご近所にある『鶏笑』や『とりかじ』、あるいは『ＰＩＺＺＡアルト』などで食べてみてください。『げんきや』が味とノウハウを提供しているので、私がこだわって作り上げたからあげを食べることができるはずです。

このように、**中津のからあげ専門店のスタイルをパッケージ化して全国に広めていったことも、私がからあげ界で起こした「革命」のひとつに挙げられるでしょう**。

特に『鶏笑』は、からあげブームの追い風に乗って店舗数を急拡大していきました。また、コロナ禍の中でテイクアウト需要が伸びたこともあって、**私が味をプロデュースしているお店の数は増え、からあげ専門店としては店舗数日本一を達成したのです。**

私の作った味が認められて全国に広がっていくというのは、もちろん嬉しいことですが、その分、やはり責任も重大です。嬉しさ半分、心配半分というところでしょうか。

おいしい店の条件が、「ムネ肉がおいしい店」に！

２００９年に『げんきや』を創業し、翌10年8月、「聖地中津からあげの会」が設立され、その年の終わり頃から11年初頭にかけてタレが完成するXデーがやってきました。

自信を持って「おいしい！」と言えるタレが出来上がるまで、オープンから2年近くの年月を費やしたことになります。

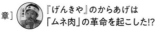

日本でいちばんおいしいからあげ店を決める「からあげグランプリ®」が10年から始まったことも、中津からあげのブームの追い風となりました。

『げんきや』の命ともいえる秘伝のタレが完成すると、そのタレを使用したプロデュース店『鶏笑』が11年の「からあげグランプリ®」で東日本しょうゆダレ部門において金賞を獲得し、我が『げんきや』も翌12年に西日本しょうゆダレ部門の金賞を獲得することができました。そして、18年、20年と最高金賞の栄誉を手にすることになるのです。

こうした賞に輝くと、当然ながらテレビや雑誌、新聞などに取材される機会も増えていきます。すると、だいたい「『げんきや』さんのウリは何ですか？」と質問されます。

「うちはムネ肉です。からあげでいちばん腕が発揮できるのがムネ肉だと思っています」

10年近く、取材のたびにずっとそう答えてきました。

実は、それまで業界にそのような言葉があったわけではありません。そもそも他店ではムネ肉をメインとして使っていませんでしたし、使っていたとしても、モモ肉の〝おまけ〟みたいなイメージしかなかったからです。

しかし、私は開業前からムネ肉に注目し、絶対的に自信のあるムネ肉のからあげを完成させることができたので、**「ムネ肉をおいしくできるかどうかで腕の差が出る」という言葉も言い続けてきたのです。**

嬉しいことに、私のこの言葉が業界に定着し、常識を変えました。

例えば、20年12月8日号『週刊ＳＰＡ！』（扶桑社）では、「専門店は全国２５００店舗。

もはや戦国時代に突入！　唐揚げブームの舞台裏」との特集記事が載っていますが、その中でフードライターさんが「唐揚げがおいしい店の見分け方」として、「むね肉に注力している店は間違いない」と言い切っています。

続けて、**「むね肉はもも肉と同じ手順で揚げても、パサパサでおいしくならないんです。それをいかに上手に揚げられるかに店の腕前が集約されていると言っても過言ではありません」**とコメントされています。

まさにその通り――これぞ、私が言い続けていた言葉です。10年かけて、巡り巡って自分の言葉がからあげ業界に定着したのだと思うと、胸が熱くなります。

業界では「げんきやのムネがうまい」と評判になって、よその店もムネに力を入れるようになりました。これも、まさに「からあげ革命」の一事例でしょう。

切磋琢磨した結果、ムネ肉がおいしくなることに異論などありません。

しかし、私は「自分がムネ肉のパイオニアだ！」と思っています。そのことを、『もり山』さんや『鳥しん』さんといった先輩たちも認めてくれていたら光栄です。もちろん、私自身も、先輩たちへの尊敬や感謝の気持ちを忘れることはありません。

〝冷めても、冷ましても〟おいしいからあげを目指して

私が早い時期から積極的に関わっていたものに、百貨店の催事があります。いまでは百貨店のほうからお願いされてお弁当も作っていますが、もともとの百貨店催事は「骨なしミックス」をメインの商品にしていました。

「骨なしミックス」というのはモモとムネが両方混ざっているセット商品です。合わせて「砂ずり」……東日本でいうところの砂肝のからあげを用意するのですが、ミックスと砂ずりで売上は総じて7対3ぐらいでした。

正直、ミックスの場合、モモ肉がメインで「ムネ肉はおまけ」と考えている方が多いようです。やはり「ムネ肉はパサパサしている」という印象をお持ちなのだと思います。

しかし、『げんきや』のミックスを食べたお客さまは、**「ムネ肉ってこんなにおいしいんだ」と、すぐにムネ肉のおいしさとその魅力に気づいてくださります**。そこからリピーターも増えるので、それこそが『げんきや』の評価だと思っています。

百貨店の催事では他のお店と一緒になることもありますが、他店は基本的にモモを中心

に使用しています。最近では、ムネを扱う店も多くなりましたが、相変わらずウチのムネ肉のからあげは売れています。

『げんきや』の商品を扱うお店の中には、ムネしか買っていかない人もいるくらいです。お祭りなどではムネだけを販売しても、実際に売れていきます。

パサパサ感がなく、モモ肉に負けないおいしさを実現しているだけではなく、『げんきや』のからあげには実はもうひとつ特徴があります。

それは、**からあげが〝冷めてもおいしい〟こと**。

企業秘密を晒《さら》すことになるかもしれませんが、なぜ『げんきや』のからあげが冷めてもおいしいのか、少しだけ述べていきましょう。

温かい料理であればたいがいそうですが、からあげも揚げたてのアツアツだとおいしいのは当然です。揚げたてであれば、肉の品質の違いもわからないくらいです。

しかし、テイクアウトの需要もあるからあげの場合、からあげの作り手、つまり我々からあげ屋は、**自分で作ったからあげを敢えて冷まして食べて試しています**。特に持ち帰りを前提とした専門店の場合、「冷めてもおいしいこと」が商品としての基準とされていますから、冷まして食べておいしいものを商品化していきます。

しかし、私の考えは少し違います。本当においしいからあげというのは、揚げた次の日にも、冷蔵庫の中にあると考えています。つまり、〝冷めてもおいしい〟のではなく、**意図的に〝冷ましてもおいしい〟からあげこそ本物だと思っているのです。**

私は子どもの頃、夕食で余ったからあげを冷蔵庫の中に入れて、次の日に食べるのが楽しみでした。そういう経験から、時間が経って冷めてもおいしいからあげを目指して、真剣に研究しました。他店とはそもそも時間軸が1日違うといえるでしょう。

その分、研究開発には大変な時間がかかりましたが、だからこそ、そう簡単に他店には負けないぞという自負があります。実際に店舗も増えて販売の実績も上がっているので、そこは伝わっていると安心しています。

アツアツでも、冷ましても、いつでもおいしいからあげを！

晩ごはんのおかずとして専門店のからあげを買う——中津を中心に、大分の北部エリアでは当たり前の風景であり、古くから文化となっています。

からあげをキロ単位で買う家庭も珍しくなく、食べ残したものは冷蔵庫で保存して、次の日にパクリ――これもよく見られる風景です。

モモ肉のからあげであれば、2日目でもおいしく食べられるものはよくあります。しかし、**2日目でもおいしいムネ肉のからあげにはなかなかお目にかかれません**。正直、私が子どもの頃に食べていたからあげも2日目には堅くなっていました。

だからこそ、2日目でもおいしいムネ肉のからあげを作って、お客さまたちを喜ばせたいという気持ちが強かったのです。

現代社会においては、共働きをしないと家計が苦しい家庭も増えてきており、仕事を終えてから親が料理をするのも大きな負担となっています。そんな時に役に立つのが惣菜《そうざい》のテイクアウトではないでしょうか。もし、からあげ屋で仕事帰りにたくさんのからあげを買って、まず温かいうちにその日の夕食として食べて、残りは冷やして翌日においしく食べられるのであれば便利なことでしょう。

ただ、普通のムネ肉のからあげであれば翌朝には堅くなってしまって、おいしく食べることは難しいと思われます。しかし、『げんきや』のからあげであればそれが可能です。

しかも、からあげは安価なのでお財布に優しいのも喜ばれます。実際に、『げんきや』では一度に2～3kgのからあげを買って帰る方もたくさんいらっしゃいます。

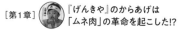

ただし、衛生的な観点から、テイクアウト商品に関して「次の日まで取っておいてもいいですよ」とは私のほうからは言えないので、「買った惣菜はその日のうちに食べる」というのが原則であることはきちんとお伝えしておきます。

それはともかく、**「翌日がさらにうまいね」と言ってくれるお客さまもたくさんいるのは本当のことです**。それどころか、「敢えて冷まして食べる」というお客さまが多いのには驚きました。

一般的にはパサパサしておいしくないと思われているムネ肉をわざわざ冷まして食べていると聞いた時は、ビックリするとともに嬉しくなったものです。

そんな背景から、**「アツアツもちろん冷ましても、いつでも美味しいげんきやのからあげ」**というキャッチフレーズを使っています。「〝冷めても〟おいしい」という受け身ではなく、「〝冷ましても〟おいしい」と能動的に訴えているのです。

おいしい砂ずりのからあげを可能にしたのも秘伝のタレ

『げんきや』では「砂ずり」のからあげにも、ムネ肉に使うタレと同じものを使って、手順も同じように揚げています。コリコリした食感が特徴の砂ずりですが、『げんきや』の場合、砂ずりも柔らかいのがウリです。

砂ずりは、そのまま揚げると堅くなるので、普通のからあげ店では砂ずりを真ん中から切って開いてから揚げていきます。それは別に間違いではないですし、たしかに堅さも軽減します。それは多くのからあげ店が採用している手法でもあります。

しかし、「開いてしまうと、そこからうま味が出てしまうのではないか」と私は感じていました。もちろん感覚的なものですが、**どうせだったら焼き鳥で食べるように丸ごとのほうがおいしいのではと思ったのです。**

実際、普通に丸ごと揚げると堅くてかみ切れません。しかし、なぜか理由はわかりませんが、私が開発したタレを使うと柔らかくなって、コリコリと歯ごたえもよく、非常においしくなりました。「これも絶対によそにない商品になる!」と期待が持てました。

その期待が確信に変わったのが、百貨店のバイヤーさんたちからの声です。『げんきや』が百貨店の催事を重ねていくうちに、私は百貨店のバイヤーさんたちとも縁が深くなりましたが、特に東京の百貨店のバイヤーさんたちやデパ地下の担当の方たちは、日本全国のおいしいものを食べ回って舌が肥えている人ばかりです。

ある催事の時に、バイヤーさんに「鶏のからあげもおいしいし、この砂ずりは間違いなく日本一だ」と言われたことがあり、非常に嬉しく思ったものです。

そこからピンと来て、**「名物『砂ずり』で百貨店のバイヤーさんに『日本一』いただきました!」**というチラシを作って、ムネと砂ずりを推《お》すようになりました。おかげさまで、砂ずりもムネ肉に負けず劣らず好評です。

この本の原稿を書いていて気が付きましたが、「ムネ肉」、「砂ずり」、そして「冷ましてもおいしい」というように、**それまでのからあげ屋が積極的に手を出していない分野に挑戦したのがよかったのかもしれません**。

「逆転の発想」などというとおこがましいですが、私が異業種から参入したのが大きかったと思います。もともとからあげ業界にいたのならば、例えば「砂ずりは真ん中から切って開いて揚げるもの」という固定観念がしみついていて、丸ごと揚げてみようなんて考えもしなかった可能性もありますからね。

からあげに対して変に先入観がなかったことが「からあげ革命」につながったといってもいいかもしれません。

からあげの素人だったからこそ作れた「からあげ南蛮」

同様のことは、『げんきや』の人気定番メニュー「チキン南蛮」と「とり天」にもいえるでしょう。からあげ業界に長く身を置く方にはなかなか思い付かないアイデアだったかもしれません。

チキン南蛮に関しては、17年の「第8回からあげグランプリ®」で、本場・宮崎県の有名店などを抑えて、**プロデュース店の『鶏笑』が最高金賞を獲って日本一になりました。**『げんきや』で提供しているチキン南蛮とまったく同じものです。

一般的に「チキン南蛮というと宮崎県」というイメージを持つ方が多いと思います。大分県同様、宮崎県も戦後に多くの養鶏場が作られたことから、チキン南蛮のほか、「鶏の炭火焼き」や「鶏刺し」などが名物料理となっています。

しかし、大分でチキン南蛮というと、多くの人は有名お弁当チェーン店のメニューを思い浮かべるのではないでしょうか。つまり、そんなに昔から食べられていたものでも親しまれていたものでもなかったと思います。

私自身も、弁当屋でチキン南蛮というものを初めて食べたらおいしくて、「からあげ屋を始めたらメニューに入れたいな」と考えていたのです。そのため、中津のからあげ屋の中でも、チキン南蛮をメニューに入れているのは『げんきや』だけかもしれません。

そもそも、私の発想は、「同じ鶏なんだから、とり天もチキン南蛮もあっていいんじゃないだろうか？」というシンプルなものでした。

そのチキン南蛮が好評だったため、チキン南蛮風にからあげと甘酢を絡めてタルタルソースをかけて食べる「からあげ南蛮」を新たに作ったところ、これが予想以上に大きな反響を呼びましたが、自分でも個性があっておいしいと思っています。

このメニューも、からあげの素人だったからこそ、からあげ屋の常識に縛られずに生まれた一品だといえるでしょう。

「からあげ南蛮」は、いまではウチの名物となっています。なぜなら、こんな料理は誰も食べたことがないからです。もしかしたら、日本のどこかで同じような料理を提供しているお店もあるのかもしれませんが、**自分自身の中では「からあげ南蛮発祥の店」だと思っています**。あくまで自社調べですけどね（笑）。

ただ、作るのはそれほど難しくはありませんし、語るほどロマンがあまりないのが残念です（笑）。そうはいっても、鶏笑でチキン南蛮が最高金賞を獲ったことでも伝わるように、この味が世間に受け入れられたというのが嬉しいのです。

専門店では珍しかった「とり天」がスタンダードに

大分名物の「とり天」も、開業時からずっとメニューに載せている定番商品です。大分県中部の発祥とされているとり天は、昔から大分県民にとってはスタンダードなおかずとして愛されています。

県内では、別府発祥か大分発祥かと議論されているようですが、実は私は生まれが別府で、もともと、とり天も大好きでした。高校生の時にはラグビー部の練習が終わってから、近くのお弁当屋さんのとり天弁当をよく食べていました。大分県になじみがないと、「とり天弁当」といってもピンと来ないかもしれませんね。

私が『げんきや』を始める時、「絶対にとり天もやりたい」と思っていました。正直、「からあげ屋で天ぷらを売る」という案にスタッフからも「えっ？」という反応はありましたが、最終的には賛成してくれたので、私は予定通りに販売したのです。

そうしたら、あの日清製粉さんから「『げんきや』の名前でてんぷら粉を商品化しませんか？」とお話をいただくようになりました。

これは名誉以外の何ものでもありません。「とり天をやっていてよかった〜」と思いましたし、スーパーラッキーです。この話は、後で詳しく述べるつもりです。

もし、からあげ屋という既成概念の枠に収まっていたら、天ぷらに手は出せません。事実、当初は中津の先輩たちからは「珍しいね」と言われていたくらいです。

「『げんきや』はからあげ屋じゃない、弁当屋だ（笑）」

そんなお言葉もいただきましたが、当の本人はマイナスには捉えていませんでした。開き直ったというほうが適切かもしれませんが、とにかく自分がいいと思ったスタイルで商売を続けたのです。

……と、いまとなっては格好をつけて語れますが、実際のところ、中津の先輩たちのレベルに遠く及ばず、弁当をやって売上を伸ばすしかなかっただけなのですが（笑）。

しかし、いまでは専門店でも当たり前のように弁当が売られるようになりましたが、私はそれでいいと思っています。いまでは『げんきや』のとり天や弁当が認められたことに、私は嬉しい気持ちでいっぱいです。

なぜなら、**「自分が新しいスタンダードを作ったんだ！」**、**「からあげ界に革命を起こしたんだ！」**と勝手に思い込んでいるからです。私に先見の明があったということと、自分の運とセンスをちょっとだけ褒めてもいいかなと思います。まあ、それ以上にたくさん失敗してきましたが（笑）。

『げんきや』ではオープン当初からムネ肉、モモ肉、砂ずりのからあげに、とり天にチキン南蛮、そしてその他のお弁当も何種類かありましたが、現在扱っている商品とほとんど変わりありません。いまと違うのは、おいしくなかったということだけです（笑）。やっぱり味がいちばん大事ですね。

開店10年目にして最高金賞受賞、ようやく掴めた自信

「ムネ肉がおいしい」とか「冷ましてもおいしい」というコンセプトは、私がげんきやの経営を軌道に乗せるまで、聖地・中津でも珍しいものでした。

私がお店を始めた当時は——もちろん、現在もですが、『もり山』さんや『鳥しん』さんのほか、『からあげ大吉』さん、『ぶんごや』さん、『からあげ屋チキンハウス』さんな

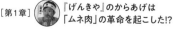

どなど、本当に強力な店ばかりでした。

「どうやったら先輩たちについていけるのだろう?」と頭を悩ませ、『げんきや』だけのオリジナリティを出すために必死で考えてたどり着いたのが、「ムネ肉がおいしい」、「冷ましてもおいしい」というコンセプトだったのです。

12年に「からあげグランプリ®」で初めて金賞を受賞してから7大会連続で金賞をいただき、お店の知名度と売上は上がってはいきましたが、中津のレベルが高すぎて、ずっと自信を持てずにいたというのが本当のところです。

それが18年に最高金賞をいただき、やっと自信を掴めた感じです。まだまだ先輩方から日々学ぶことばかりですが、オープンからちょうど10年目にして、ようやく「これでいける!」という手応えを初めて掴みました。けっこう時間がかかりましたね。

それまでは、金賞は獲れても最高金賞にはなかなか届かないですし、後輩だし、新参者だし、味も、実績も、『もり山』さんや『鳥しん』さんなどはひたすらに遠い存在でした。自信を持つどころか、「僕なんかが中津でやっていてもいいのかな」という消極的な気持ちすらありました。

それが、最高金賞を獲ってからは周りの見る目も少し変わって、一目置いてくれるよう

お手数ですが
切手を
お貼りください

郵便はがき

1 5 0 - 8 4 8 2

東京都渋谷区恵比寿4-4-9
えびす大黒ビル
ワニブックス 書籍編集部

お買い求めいただいた本のタイトル

本書をお買い上げいただきまして、誠にありがとうございます。
本アンケートにお答えいただけたら幸いです。
ご返信いただいた方の中から、
抽選で毎月5名様に図書カード(500円分)をプレゼントします。

ご住所 〒 TEL (- -)	
(ふりがな) お名前	
ご職業	年齢 歳 性別 男・女
いただいたご感想を、新聞広告などに匿名で使用してもよろしいですか? (はい・いいえ)	

※ご記入いただいた「個人情報」は、許可なく他の目的で使用することはありません。
※いただいたご感想は、一部内容を改変させていただく可能性があります。

●この本をどこでお知りになりましたか?(複数回答可)

1. 書店で実物を見て　　2. 知人にすすめられて
3. テレビで観た(番組名：　　　　　　)
4. ラジオで聴いた(番組名：　　　　　　)
5. 新聞・雑誌の書評や記事(紙・誌名：　　　　　　)
6. インターネットで(具体的に：　　　　　　)
7. 新聞広告(　　　　新聞)　　8. その他(　　　　　　)

●購入された動機は何ですか?(複数回答可)

1. タイトルにひかれた　　2. テーマに興味をもった
3. 装丁・デザインにひかれた　　4. 広告や書評にひかれた
5. その他(　　　　　　)

●この本で特に良かったページはありますか?

[　　　　　　]

●最近気になる人や話題はありますか?

[　　　　　　]

●この本についてのご意見・ご感想をお書きください。

[　　　　　　]

以上となります。ご協力ありがとうございました。

になったと感じています。やはりあきらめないことも大事ですね。商売というのは、10年はやらないと語ってはいけないと改めて思いました。

いまではもう誰にも臆することなく堂々とやっていますが、後輩であり後発者であることは変わらぬ関係なので、ちゃんと先輩方への敬意は忘れず、私自身も謙虚に、かつ人間としての礼節は守っていかないといけないと肝に銘じています。

20年に2回目の最高金賞をいただいてからは、さらに大きな自信となりました。その時の結果発表は、「一回獲ってるし、もうないだろうな」と思って、普通にイチ視聴者感覚で見ていましたから、名前が発表された時は本当にビックリしました。最初の最高金賞受賞は最高に嬉しかったのですが、2回目を獲れた時は、「これで間違いない」と、自信から確信に変わりました。

最初は畏《おそ》れ多かった『もり山』の森山さんや『鳥しん』の角さんとも、いまや一緒に旅行に行くほど仲良くさせてもらっています。私のからあげを認めてくれているかどうかはわかりませんが、からあげ屋の経営、商売人としては、森山さんも角さんも私を少しは認めてくれているのかもしれません。

第2章

大分県民のソウルフード「鶏のからあげ」と私の人生

からあげ消費量Ｎｏ・１の都道府県はやっぱり大分県！

「大好きなからあげを、お腹いっぱいになるまで思う存分食べたい！」

それが、子どもの頃の私のささやかな夢でした。私は複雑な家庭環境で生まれ育ち、子どもの頃は家が貧しい環境だったため、親が買ってきてくれる少量のからあげを３人きょうだいで分け合うしかなく、お腹いっぱいになるまでからあげを食べた経験がありません。

私が生まれ育った大分県では、「鶏肉のからあげ」は非常に身近な食べ物で、ご飯のおかずやお酒のおつまみとしてはもちろん、小腹が空いた時のおやつの役割も果たしてくれています。大分県外の方には理解しづらいかもしれませんが、**大分県人……特に中津市、宇佐市、豊後高田市などの県北エリアの人たちにとってからあげは県民食、まさに「ソウルフード」だといえる存在です。**

株式会社ニチレイフーズが20年8月に実施したインターネットによるアンケート調査『全国から揚げ調査２０２０』によると、からあげ消費量（からあげを１カ月間に食べる個数／喫食個数）Ｎｏ・１に輝いた都道府県は、やはり大分県でした！　なんと、１カ月間当たり56・5個も食べています（2位は千葉県で52・0個、3位は北海道で51・8個）。

街にはからあげ専門店がたくさん並び、毎日の食卓にからあげが当たり前のように並んでいるという風景は、大分県ならではのことでしょう。昨今の「からあげブーム」によって、大分県の誇る〝からあげの聖地〟中津市や宇佐市の名前も全国に知れ渡ってきました。

日本全国には、たとえば北海道の「ザンギ」、愛知県の「手羽先からあげ」、長野県の「山賊焼き」、愛媛県今治市の「せんざんき」など〝ご当地からあげ〟があります。また、タコやフグ、白身魚などの魚介類や、ゴボウやサトイモなどの根菜類を使ったからあげもあり、食材は鶏肉とは限りません。あえて「からあげ」を定義するのであれば、肉や野菜、魚介などの食材を小麦粉や片栗粉をまぶして油で揚げた料理ということができるでしょう。

大分で「からあげ」といえば、もちろん鶏肉を揚げたものをさします。では、なぜ大分で鶏のからあげが県民食の地位まで上り詰めたのでしょうか？

実は、**第二次世界大戦での敗戦が大きく影響しているようです**。戦後の食糧難対策として国が養鶏《ようけい》を推進し、大分県北部地域（中津市・宇佐市など）に養鶏場が数多く作られたことから鶏肉の入手が容易となり、鶏料理の文化が発達。特にからあげを愛する文化が根付いたというのが通説となっています。

鶏は、卵からかえって食べられるまでに成長するサイクルが早く、豚や牛よりも安価で手に入れやすいタンパク源ということで、食糧難対策にはうってつけの食材として重宝されてきました。また、大分を代表する郷土料理「とり天」が戦前から食されていたことから、鶏肉を揚げて食べることに県民がなじんでいたのかもしれません。

余談ですが、とり天は大分県内ではレストランや定食屋はもちろん、弁当屋や喫茶店でも当たり前に食べられる料理なので、多くの大分県民は日本全国どこにでもある料理だと思い込んでいます（笑）。

からあげそのものは、江戸時代初期に中国から伝来してきた料理のようです。大分のからあげは、戦後に旧満州から引き揚げてきた人たちが大陸の調理方法に影響を受けて始まったとされています。惣菜店の店先で鶏を揚げたてで提供したところ評判となって、現在に繋がるからあげが広まっていった――それが大分のからあげの歴史のようです。

〝からあげの聖地〟中津と〝専門店発祥の地〟宇佐の関係性

私が『からあげ専門店　げんきや【舷喜屋】』を始めたのは、大分県中津市です。市内には50店以上のからあげ専門店が軒を連ね、〝からあげの聖地〟として全国のからあげファンから注目を集めています。

一方で、中津のお隣の宇佐市では〝からあげ専門店発祥の地〟のキャッチコピーを掲げています。〝からあげ発祥の地〟ではなく〝専門店発祥の地〟とされています。

宇佐市では、中華料理店『来々軒《らいらいけん》』が戦後直後から提供した「若鶏の唐揚げ」の製法を、からあげ専門店『庄助《しょうすけ》』が昭和30年代に受け継いで、テイクアウトを始めたのがからあげ専門店発祥の起源としています。

その『庄助』のからあげが人気となって、宇佐市のほか中津市などに専門店が広まったというのが「日本唐揚協会」の公式な見解となっています。その後、宇佐よりも人口の多い中津でからあげ専門店の数がどんどん増えていったことから、「からあげといえば中津」と、中津が聖地化されていったのではないかと考えられます。

中津も宇佐も、からあげ屋のオーナー同士は仲良くやらせてもらっています。同じ大分県北部の人間として、**「からあげの普及を一緒に盛り上げていこう」という共通の考えを持って、日々切磋琢磨しているのです。**

また、中津と宇佐ではからあげの味や揚げ方に大きな違いがあるかといえば、ほとんどないと思います。味や作り方は、地域というより店舗ごとのこだわりによって違いが生まれています。あえて「中津からあげ」を定義するのであれば、とにかく本店が中津にあること、そして、味は「しょうゆダレ」でも「塩ダレ」でもいいのですが、使う鶏肉は国産でなければいけません。

結局は、宇佐という地で時間が経過した「宇佐からあげ」と、中津という地で時間が経過した「中津からあげ」という、発展してきた場所の歴史が大きな違いといえば違いです。

極端な話、味や作り方だけを見れば、北海道のザンギと中津からあげにもそれほど大きな違いがあるわけではありません。ただそこには、からあげの文化の違い、歴史の違いが確実に存在しているのです。

しかし、この文化や歴史というのが大きな要素でもあります。なぜなら、専門店で揚げたてのからあげを買って家に持ち帰る文化というのは、他の都道府県やエリアにはなかったものだからです。中津や宇佐、それに豊後高田市を加えた県北エリアでは、からあげ専門店の歴史が半世紀以上も続いています。必然的にその住民の方々のからあげへの思いは他地域とは違ってきますし、多くの専門店があるからこそ競争が生まれ、商品のクオリティも歴史の中で磨かれてきたのです。

約10年前から始まった「第2次からあげブーム」

大分県の中でも特にからあげ専門店密集地域で、その中でも店舗数がいちばん多いのは、やはり中津です。中津市で初めてできたからあげ専門店は、1970（昭和45）年に開店した『森山からあげ店』（現『中津からあげ 総本家 もり山』）や、同年に養鶏場から転業した『細川からあげ屋』（現『スーパー細川』）であるとされています。からあげ専門店という業態は、前述のように、東に隣接する宇佐市から広まってきました。

いまでは家庭料理としても食べられるからあげですが、一般の食卓に上るようになったのはここ40年くらいのことです。

まず、60~70年代の高度経済成長期に「第1次からあげブーム」があり、安価でおいしい鶏のからあげが外食産業に普及し、庶民の胃袋を支えました。

1974年に日清製粉さんから家庭用からあげ粉『日清 から揚げ粉』が発売されてから、一般の食卓のおかずとして定着していくことになります。80年代後半からはコンビニのレジ横フードの主力商品として成長していきました。ローソンの『からあげクン』は86

年から販売が始まっています。

09年には、〝からあげの聖地〟中津の超人気店『元祖中津からあげ もり山』さんが東京に進出。同年に〝からあげ専門店発祥の地〟宇佐市の『とりあん』さんも東京に進出したことから「第2次からあげブーム」が始まり、それがさらに大きくなって現在まで続いている状況です。その後、10年8月、中津のからあげをブランド化しようと「聖地中津からあげの会」が市内のからあげ店23店舗で設立され、ご当地グルメとしてPRを積極的に行うようになりました。この会の設立にあたって、私が役員となる「奇跡のチョキ」については前章で述べた通りです。

また、同年から日本でいちばんうまいからあげ店を決める「からあげグランプリ®」(「日本唐揚協会」主催)が始まったこともブームに拍車を掛けました。さらに、この頃、『カミングアウトバラエティ!! 秘密のケンミンSHOW』で中津からあげが大分県のご当地グルメとして紹介されたことでブームが過熱していきます。

『げんきや』がオープンしたのが、まさに第2次からあげブームが始まった09年。前章で述べたように、その頃はまだ理想の味とは程遠い出来で、悪戦苦闘を重ねていたのですが、時流にうまく乗れたことは否定できません。

第2次からあげブームのおかげで、全国のデパート・百貨店で「中津からあげ祭り」を謳《うた》った催事や物産展が行われるようになり、私のところにもお声がかかるようになりました。本来、私はチャレンジ精神が旺盛なので、まだ『げんきやの味』が完成していないにもかかわらず、ホイホイどこにでも行くようになりました（笑）。

それからほどなく、『げんきや』の味を決定付ける秘伝のタレが完成し、からあげブームの追い風にも乗って、私の冒険の旅はさらに飛躍を遂げて現在に至っています。

少ないからあげをきょうだい3人で分け合っていた子ども時代

私は1973年、大分県中部の別府市で生まれました。県北部に位置する〝からあげの聖地〟中津は私の母が幼少期を過ごした故郷です。そして、のちに家族は同じく県北部に引っ越しをして、私はからあげの文化に親しんでいくことになりました。

ただのからあげ好きだった少年が、36歳にしてなぜからあげ専門店を始めるに至ったのか、ここで私の半生を振り返ってみたいと思います。

詳しい背景はここでは省きますが、実は私の物心がついた頃からすでにわが家の家庭環境は複雑でした。また、家計状況も厳しく、そのため母がお金のやり繰りに非常に苦労していることに子どもの私も気づいていました。

一方、子どもはきょうだい3人で、私が長男、それに弟と妹がいました。子どもは全員スポーツ好きで、私と弟がラグビー、妹はバスケに夢中で、いま思えば母もいろいろ大変だったでしょうね。長男の私は、母が苦労していることを知っていましたから、欲しいものがあっても我慢して、母にわがままを言ったこともない少年時代を過ごしました。

これまで書いてきたように、大分県人にとって「からあげ」というのは非常に身近な食べ物で、我が家でも親が仕事帰りに買ってきてくれることがよくありました。

ですが、私が子どもの頃はお腹いっぱいからあげを食べたことがありません。母がなけなしのお金で買ってきてくれるからあげは、おいしくて楽しみではありましたが、育ち盛り、食べ盛りの3人きょうだいには倍の量でも足りないぐらいだったからです。

さすがに弟や妹から奪うわけにもいきませんし、苦労して働いている親に「倍の量を買ってきてよ！」なんて、とてもではないですが言えませんでした。

「こんなにおいしいからあげを、何の気兼ねもなく思う存分食べたい！」

それが、私の子ども時代の夢でした。当時の我が家では、からあげといえば高級な食べ物。いま考えたらそんなに高いものではありませんが、それさえも気を遣わざるを得ない状況だったのです。親にレストランに連れて行ってもらっても、親の財布の中が気になって、カツカレーを食べたくても、普通のカレーより200円ほど高かったために頼むのを躊躇《ちゅうちょ》していたくらいです。

ただ、やはり友達には複雑な家庭環境がバレるのが嫌でした。そのため、小学校5年生から新聞配達を始めて、1年が経った時にようやく任天堂のファミリーコンピュータ、いわゆる「ファミコン」を自分で買ったりしていました。そのため、私の子ども時代の友達はウチの家計がそんなに苦しいものだったとは知らないと思います。

家族を幸せにするために社長になってお金持ちになりたい!

私は子どもの頃からずっとスポーツに熱中していました。地方では当たり前の光景ですが、親御さんたちが差し入れを持って練習や試合を見に来てくれたりします。チームメイトのお父さんお母さんがジュースやアイスクリーム、パンなどを持ってくる中で、私の親は一度も差し入れを持って応援に来てくれたことはありませんでした。友達の親と同じように、本当は差し入れに来てほしいものの、仕事を休んでまで練習や試合を見に来てくれなんて、とてもではないですが私からは言えるはずもありません。

特に試合などで勝ったりすると、「今日勝ったお祝いだ。ウチの店で何でも食わせたるから、みんな来い！」と言ってくれる飲食店をやっているお父さんがいたりして、そんな親の姿をすごくうらやましいなと私は思っていました。

その反動もあったのでしょう、私は「大人になったら、とにかく社長になりたい！」と思うようになりました。なぜなら、「社長になればお金持ちになれる」というイメージがあったからです。お金持ちになれば、家族に寂しい思いやひもじい思いをさせずに幸せにできる――そう考えるようになりました。

母がすごく苦労していたので、自分が大人になったらお小遣いをあげたり、ちょっとゆとりのある生活をさせてあげたいと思い、そのためにはビジネスで成功する人間になりたいと、小学校の高学年ぐらいから考え始めました。実際、中学校や高校生の時には「社長になる」と口にしたり、友達にも宣言していました。しかも、新聞配達をやっていたことで、自分が働いて稼げばそのお金が自分のものになるという経験もし、いつか社長になりたいという思いは強くなっていくばかりでした。つまり、我が家の貧しい家庭環境が、「将来は社長になりたい、成功者になりたい」と思うようになった私の原点だといえるでしょう。まさか、からあげ屋の社長になるとは思ってもいませんでしたが（笑）。

そもそも私のビジネスチョイスの中で「からあげ屋」というのは頭の片隅にもありませんでした。なぜかというと、からあげ屋の外観には、掘っ建て小屋やプレハブ小屋というイメージがあり、おいちゃんおばちゃんが鶏肉を揚げて、それを新聞紙に包んで売っていたので、私が子どもの頃にはピンと来ていなかったからです。

大分のソウルフードであり、どこもおいしかったのですが、正直、まったく儲かるイメージがなかったですし、当時は子どもが憧れるような職業ではありませんでした。いま思えば、形から入る子どもっぽい幼稚な発想ですし、おいちゃんおばちゃんに「ごめんなさい」「おいしいからあげをありがとう」という気持ちですが、からあげに「ビジネス」という言葉が結び付くのは、まだまだ先のことです。

父親から資金を借りてコンビニの経営を開始

いつか社長になりたいという思いを抱いたまま、私は大学に進学したのですが、そのチャンスがたまたま大学在学中の20歳の時に訪れました。「別府市内でコンビニエンスストアを経営してみないか」という話が舞い込んできたのです。

ちょうど運良く(?)、大学の勉強に関心を抱けなくなっている時期でした。勉強で頑張る意義が見出せないまま、学校には寝に行っていたようなものなので、自分が経営者になれるかもしれないと思ったら、居ても立ってても居られなくなりました。正直、「お金持ち(=社長、経営者)」になりたかったので職種は何でも良かったのです。

実はその頃、父親がコンビニチェーンのフランチャイズオーナーをやっていたので、その姿を見て面白そうだなと思っていたこともたしかです。とはいえ、まだ学生の身ですから、開業資金となるようなまとまったお金など、もちろん持ち合わせているはずもありません。ただ当時、祖父と祖母が立て続けに亡くなったことで父親に遺産が入っており、もしかしたらお金を貸してくれるかもしれないと考え、思い切って相談に行きました。父親には「絶対やめとけ」と言われました。コンビニ経営はそんなに簡単ではないことを、身をもって知っているからです。それでも、私はどうしても経営者になりたかったので、父親に頼み込みました。こんなチャンスはもうないかもしれません。私の思いが通じたのか、父親はお金を貸してくれることになりました。学生には分不相応な金額を借りることができ、その1年ちょっと後に起業することになったのです。

ただ、本当にビジネスとして成立するのか突き詰めて考えて始めたかというと、そうではありませんでした。コンビニをやれば儲かるだろうくらいの軽い感じだったのです。

結果、わずか8カ月で倒産しました。もちろん、ビジネスに対する私の考えが甘かったのがいちばんの原因です。事実、出店の立地に関する見込み違いなど、計画は大きく崩れました。

お店はJRの別府駅にも近い繁華街で、しかも大分県を南北でつなぐ幹線道路である国道10号線沿いという一見好立地なのですが、周辺はホテルや飲食店が多く、住居がほとんどない地域でした。必然的に観光客が相手となるのですが、お酒とタバコの販売免許を持っていなかったために、店に置けなかったというのも敗戦理由のひとつです。

もうひとつの理由は、10号線は車の往来が激し過ぎて、フラッとコンビニに立ち寄る感じではなかったこと。しかも、駐車場が狭くて入りづらいというマイナスポイントもありました。目の前にこれだけ交通量があることから相当な来客数が見込めるはずだと見込んでいたのですが、見事にその当てが外れてしまったのです。

笑顔の大切さに気付かず、潰れるべくして潰れたコンビニ

いま思い起こすと、私自身、「二十歳ぐらいでこんなビジネスをやるヤツはいないだろうな」と、少し天狗になっていましたし、偉そうにしていたところがあったと思います。

当時は何か嫌なことがあると眉間にシワが寄って、機嫌が悪いままレジに立ち、笑顔で人に接することなんてなかったと思います。おそらくお客さまからしても、また来たい店ではなかったことでしょう。パートや従業員にも、笑顔よりも効率の良さとか時間の節約など、何か違うことを求めていたような気がします。

そんな人間には、誰も協力してくれないのは当然です。困った時に誰も助けてくれませんし、味方もゼロで、崩壊するしかありませんでした。

売上が悪い店でしたから、人件費の高い深夜の時間帯はバイトを使わず私自身がシフトに入っていたのですが、朝の9時まで働いて、「やった、ようやく上がれるわ」と思ったら、9時からのパートさんが平気で休むようなことも多々ありました。誰ひとり「オーナーがかわいそうでしょ」、「店長、大変そうだから手伝います」と言ってくれませんでした。い

ま考えると、笑顔の大切さがわかってないということは、人との繋がりの重要性がわかっていないということ。たぶんひどい顔で接していたと思います。笑顔はいまでも別に完璧ではないですが、心構えが違いますから、それは表情に出ているとは思います。結局、駐車場で車は停めにくいし、酒とタバコは売っていないし、人間関係はグチャグチャだし、私は若いのに偉そうで天狗になっているし、潰れるべくして潰れたといえるでしょう。

ただ、出店した場所自体、別府市内でもすごく目立つところだったのはツイていました。本部としても潰すのはもったいないということで、私の出資した金額には全然及ばないものの、お店の権利を買い取ってくれたのです。

本部側にしてみれば、こんなにいい場所なのに、うまく行かないのは経営者のせい——つまり、すべての原因は私にあるという思いはあったと思いますが、責任を負わせるようなこともいっさいありませんでした。いまは飲食店になっていますが、私としては、二十歳そこそこの若造にチャンスをくれたということで感謝の気持ちしかありません。しかし、大金を失い、親にも迷惑を掛けたという現実だけが目の前に残りました。

家族の笑顔の中心にあるもの――それは大盛りのからあげだ！

コンビニの経営に失敗して、借金を少しでも返すために、私は新たに始めた通信関係の仕事で全国を飛び回りました。そんな中、地元でからあげ屋を経営している方と出会う機会がありました。私がまだ20代前半の頃のことです。プライベートでも親しくなり、ある日、その方のところに遊びに行くことになりました。訪れたのは、昼飯時でもない、晩ご飯時でもない、午後3～4時頃でした。たわいもないおしゃべりをしているうちに、「小腹が空いたよな。ちょっとからあげつまもうか」といって、その人がからあげを揚げ始めてくれると、ドーンと山盛りでテーブルに出てきたのです。

「あ、からあげ屋をやったらこんなことができるのか！」

それはそうです。当たり前といえば当たり前なのですが、それに私はえらく感動してしまいました。誤解されるといけませんので言っておきますが、からあげが好きなだけ食べられることにではなく、からあげをポンと客に出せる環境や振る舞いに感動したのです。

もし子どもだったら、こういう環境ならどれほど嬉しいことか……私は、好きなだけからあげを食べられなかった幼少期を思い出し、胸が苦しくなりました。
家族の笑顔の中心には、大盛りのからあげがある――それが、私が思い描いていた〝幸せな家族〟の具体的な姿であることが一方ではっきりとわかりました。漠然と心に描いていたデッサンに突然絵の具が載って、1枚の完成した絵画を見た思いです。

「家族の中心に大盛りのからあげがあるだけで、みんな幸せな気分になれるんだ！」

「もし自分が結婚して家庭を持ったなら、からあげで子どもを笑顔にしたい！」

その時はまだ独身で、大きな借金も抱えていて、しんどい時期でしたが、自分がもし家庭を持ったら、家族に何をしてあげたいのかが明確にわかった瞬間となったのです。
自分が親になったら、こういうことを子どもにやってあげたら子どもも喜ぶだろうし、その友達にも差し入れなんかしてあげたら喜ぶだろうな――そう勝手に想像を膨らませて、幸せな気分に浸ることができました。だからといって、この時点で「からあげ屋を始めよう」と思ったわけではありません。からあげ屋には、利益を生み出していくビジネスのイメージをまだ持っていなかったからです。その代わり、何か他のビジネスで成功して、落ち着いたら趣味程度にからあげ屋を経営したいなと考えるようにはなりました。
ただ、私自身もからあげが大好きですし、お客さまに食べていただけるのなら、おいしいほうがいいに決まっています。そのためには、日本で一番おいしいからあげを食べないことには始まらないと思いました。からあげの文化が浸透する大分で生まれ育ちましたが、日本全国にはさまざまなからあげがあることは知っていました。北海道のザンギや愛知県の手羽先からあげ、長野県の山賊焼きのほか、日本各地の名物からあげを食べてみて、日本でいちばんおいしいからあげを探そうと思い立ったのです。

日本中のからあげを食べて、大分のレベルの高さを実感

仕事で日本全国を飛び回るようになり、そのおかげで、各地のからあげを食べ歩くことができるようになったのは幸いなことでした。

その頃はからあげブームの気配などなく、B級グルメ的な取り上げ方もされていなかったこともあって、どこに行っても味付けが非常に適当な印象を受けました。

鶏のモモ肉をお酒としょうゆとみりんで適当に下味を付けて揚げただけで、大分のからあげを知っている身としては、「これはからあげなのか？」と憤りを感じたこともしばしばありました。**全国のからあげを食べ歩いて出た結論は、「大分県北部に勝るエリアはない！」**

ということでした。外から見て初めて、大分のからあげのおいしさが特別なものであることがよくわかりました。全国いろいろ食べ回って、まさに原点回帰、逆に地元のレベルの高さを実感することができたのです。

地元と肩を並べるおいしさといえるのは、ケンタッキーフライドチキンさんぐらい。ただし、専用フライヤーで鶏肉に圧力を掛けて揚げるなど、日本のからあげとは製法も違うので、別物といえるでしょう。

からあげの魅力を知ってしまった以上、そして大分以外ではおいしいからあげが食べられていないことを知った以上、ビジネスとしてからあげで勝負するのは当然のように感じるようになってきたのです。やがて私は結婚し、子どもも生まれて、家庭を持つようになりました。そしてガムシャラに働いた結果、借金も順調に返していけたこともあって、徐々に「からあげ屋で勝負したい！」という気持ちに傾いていったのです。

子どもが生まれてから数年後、妻の手も空いたことから、35歳になった08年くらいに「時が来た！」と思い、からあげ屋を開店することを決意しました。そこからおいしいからあげの研究を始めたのです。そして、ついに09年。からあげ屋勤務経験のある友達を誘って、『からあげ専門店　げんきや』創業へと踏み切ったのです。

第3章

『げんきや』の おいしさの秘密は 「気持ち」です！

まだまだ市場が拡大してもおかしくないからあげ専門店

大分県で「からあげ」といえば、イートインではなくテイクアウト、つまり持ち帰りをして食べるイメージが強いのですが、県外の方にとっては居酒屋メニューの代表、あるいはお弁当に入っているお惣菜のイメージが強かったのではないでしょうか。

しかし、ここ数年で他都道府県でもテイクアウトのからあげ専門店がずいぶん増えてきています。

そもそも、本場・中津のからあげ専門店『もり山』さんなどが東京に進出し始めた09年から「第2次からあげブーム」が始まったとされているのですから、そのブームの本質は〝専門店でテイクアウトする〟という文化が日本全国に広まったことだといってもいいかもしれません。

実際、からあげ専門店の数は11年には、中津を含めて全国で約４２０店舗に過ぎませんでしたが、18年４月の時点で１４０８店舗と約３・４倍にも増えました。

驚くのはここからです。20年にはそれが２４８７店舗と、たった2年間で１０００店以上も増加しているのです。**つまり、ここ9年で店舗が約6倍に増えたことになります**（「日本唐揚協会」調べ）。

市場規模ももちろん拡大しています。マーケット調査会社の富士経済の「外食産業国内市場調査」（20年6月発表）によれば、「からあげ」をメインとして提供するイートイン、テイクアウト両方の店舗を対象とする市場規模は、19年に８５３億円だったものが、20年には１０５０億円に拡大する見込みだといいます。

その間、『げんきや』、『鶏笑』、『とりかじ』、『ＰＩＺＺＡアルト』なども店舗を増やしていき、**私が味をプロデュースしたからあげ専門店の店舗数は日本一となりました**（「日本唐揚協会」調べ。21年３月末現在）。

この間、からあげ専門店ではないものの、店舗数を爆発的に増やしていったのが、皆さんがご存じの大手外食チェーンです。大手資本の参入がブームを過熱させたといっても間違いではないでしょう。

14年、とんかつ専門店『かつや』などの運営で知られるアークランドサービスＨＤさんが『からやま』を、17年にはすかいらーくグループさんが『から好《よ》し』を開店させ、年々店舗数を増やしています。その他にもワタミさんが『から揚げの天才』、モンテローザさんが『からあげの鉄人』、しゃぶしゃぶ・日本料理の木曽路さんが『からしげ』として参戦しています。

どうしてこれほどからあげ専門店が急増したかというと、単純にいままで身近になかった業態だからだといえるでしょう。もともと潜在的需要はあったと思われます。

例えば、お隣の韓国はからあげ専門店の店舗数だけで1万軒ぐらいあります。人口は日本の約半分の5000万人ぐらいに対して1万店ですから、日本にはその倍の2万軒のからあげ専門店があってもおかしくない計算になります。

日本では21年春の時点で3000店舗弱くらいでしょうから、韓国と比べても、まだまだ市場がぽっかり空いている状態です。そこに大手が目を付けたというのが、ここ数年の潮流だといえるでしょう。

「からあげにハイボール」、それ始めたの私です！

そうそう、からあげブームを後押ししたものとして、「ハイボール」の存在も欠かすことができません。

10年ほど前から始まった「からあげブーム」によって、新たに巻き起こったブームもありました。それが〝ハイボール・ブーム〟。あっという間に世の中を席巻し、いまではすっかり定着していますよね。

若い人はあまり知らないかもしれませんが、ウイスキーをソーダ水で割るだけのハイボールは、昔から飲まれていたカクテルです。

焼酎ブームに押されて、売上の落ちたウイスキーのテコ入れをしようと、サントリーさんが角ハイボールをプロモートし始めたのが2007年秋のこと。女優の小雪さんを起用した「ウイスキーがお好きでしょ～♫」のCMを覚えている方も多いでしょう。

ウイスキーは焼酎と同じ蒸留酒で糖質がゼロ、カロリーも控えめです。焼酎ばかり飲んでいた呑兵衛《のんべえ》たちには、薫り高く芳醇《ほうじゅん》なウイスキーのハイボールの飲み口は新鮮だったに違いありません。徐々にハイボールは認知度を高めていきました。

小雪さんの後を受け、11年秋からCMに出演したのは菅野美穂さん。世の中がからあげブームになっていたこともあって、ハイボールとからあげの組み合わせ、いわゆる「ハイ・カラ」がプッシュされ、14年からの井川遥さんの「ハイ&カラ、おいしいんだから♡」のCMで、サントリー角瓶は発売以来、最高の売上を記録したそうです。

実は、この「ハイ・カラ」ブームのきっかけを作った張本人が私だと言ったら、信じられないでしょうか⁉

私はもともとハイボールが好きで、小雪さんのCMが始まる以前から好んでいました。その理由は、山崎豊子《やまさきとよこ》さんの傑作小説『白い巨塔』にあります。映画化もされていますし、何度もテレビドラマ化されているので、ご存じの方も多いでしょう。

私はこの小説が大好きなのですが、作品の中に「ハイボール」が繰り返し登場します。主人公のお医者さんが自分の行きつけのクラブに行って飲むのがハイボールで、それがカッコいいんですよね。それで私もハイボールを愛飲するようになったのです。

10年に「聖地中津からあげの会」が立ち上がった時、会合で先輩たちと会食したのですが、いまのようにハイボールは流行っていなかったので、当時は誰も飲んでいませんでした。九州ということもあって、焼酎を飲んでいる人が多い中、私だけはほとんど認知されていなかったハイボールを飲んでいたことを覚えています。つまり、**中津からあげの関係者で最初にハイボールを飲み出したのが私です。これだけは断言できます**。

最初はすごく変な目で見られました。「ハイボール？　何それ？」と。「いやいや、これがいいんですよ。合うんですよ、からあげに」と言って、私が周りに勧めたところ、「あ、本当だ。これ、からあげに合うじゃんか」という話になって、どんどん「からあげにハイボール」が周りに広まっていったのです。

ですから、その組み合わせに気付いた第一人者が私だと秘かに思っています（笑）。そこから火が付いていったと私はにらんでいるので、そのことをサントリーさんに話したら、ちゃんと記事にもしてくれました。

いまでは「ハイボールといえばからあげ」。どこよりも早くからあげに目を付けていたサントリーさん、やっぱりセンスがありますよね。

ウチの店は、もちろんハイボール推しです。いまは健康ブームで糖質を気にする方が多いこともあって、ビールが減っている分、ハイボールを飲む人が増えています。

昔は、最初の乾杯といえばほぼビールで、ビール以外で乾杯すると「え？」と言われる空気がありましたが、いまはハイボールも市民権を得ました。そう考えると、からあげの成長とともにハイボールも成長してきたという相関関係が見えてきて面白いですね。

20年からのコロナ禍もからあげブームを後押し

大人も子どもも大好きなからあげですが、わざわざ一家で外出してまで食べに行くような〝ご馳走〟とは違い、〝定番のおかず〟としての地位を築いてきました。

ただ、家庭で揚げ物をするのは手間が掛かり、一人暮らしであればさらにハードルが上がります。そのため、これまではコンビニやスーパーでからあげを購入していた層も、近所にからあげ専門店ができれば、そちらに流れていく可能性は十分あります。

仕事などの帰り道に専門店でテイクアウトできれば、アツアツのまま家に持ち帰ることができて、温め直さずにかぶりつくことができます。冷めてもうまいとなれば、言うことはないでしょう。共働き家庭が増え、多忙を極める現代人のニーズにも合っているのではないでしょうか。

また、先行き不透明な社会で老後の生活が心配だという層にも、安くてヘルシーな鶏のからあげは家計の助けにもなります。

また、皮肉にも、新型コロナウイルス感染拡大による巣ごもり需要、テイクアウト需要に合致して、からあげブームがさらに後押しを受けました。

ビジネスとしてからあげ専門店を出店する側も、他の業態に比べて初期投資や人件費、原材料費を抑えられるのが大きな魅力であることから、新規出店が急増しているという事情もあるでしょう。

とはいえ、コロナ禍だった20年を思い返すと、『げんきや』にはそれほど大きな影響がなかったと言うことができます。

たしかに、感染拡大で外食が控えられるようになった最初の段階では売上が伸びましたが、さまざまなお店がテイクアウトに対応し始めてからは、かえってライバルが増えたような感じになりました。

さらに、前述のように、そこを狙って大手外食チェーンが参入してからあげ屋も増えましたから、ウチに関していえば、巣ごもり需要は一時的なものだったように思います。

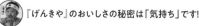

スーパーまでこだわりの自作からあげの販売を開始

いまでは大手から中小まで多くのスーパーマーケットが自前でからあげを揚げて、惣菜売り場に並べるのも当たり前になってきました。中には、「からあげグランプリ®金賞受賞！」と銘打って売り出している様子も見かけるようになりましたよね。

実は「からあげグランプリ®」に「スーパー総菜部門」が設けられたのは19年の第10回大会から。スーパー各社が独自性のある商品を開発している流れを受けてのことでした。20年からは東日本、中日本、西日本の3ブロックに分けて、衣や肉汁、味のほかに揚げ物に懸ける熱意などが評価されて、受賞が決まっていくといいます。

からあげ専門店だけではなく、大手外食チェーンやスーパー各社がからあげ市場に参入することで、からあげ界全体が盛り上がるのは大歓迎です。

ライバルが増えるのは大変かもしれませんが、**からあげ専門店には「専門店」としての意地とプライドや独自開発のおいしさがあり、そこに懸ける熱意が違うのは当然です。**

専門店の強みは、何といっても揚げたてのからあげを味わえること。イートインのお店であれば、その強みはいかんなく発揮されることでしょう。

また、『げんきや』では国産の若鶏を100％使用しています。ご自宅でモモ肉のからあげを作ったことのある方であれば、「国産も海外産もあまり変わりないなあ」と思われるかもしれません。でも、それは揚げたてをアツアツで食べるからです。

正直、揚げたてでは私でさえその違いはあまりわかりません。ただ、消費者の心理として、気持ちの面でも国産のほうが安心、安全に食べることができるという傾向にあるようです。

『げんきや』のからあげが、「冷めても冷ましても、翌日でもおいしい」と言われるのは、私が開発したタレも大きな要因のひとつですが、何といっても国産若鶏へのこだわりが基本にあるからだと思っています。

ただし、万が一、国産の鶏肉の仕入れ値が大幅に値上がりした時に、安全性や味のクォリティを絶対に確保できる外国産の鶏肉に出会うことができたら、一部の商品で使用する可能性は否定しません。それによって、お客さまに迷惑をかけることがないよう、いつでも「安くておいしいからあげ」を提供し続けるためです。

専門店のおいしさは、鶏のうま味が溶け出た油にあり!

このままでは大手チェーンに覆い尽くされて、我が『げんきや』の経営にも赤信号――そのような印象を持たれた方もいるかもしれませんが、いやいや、私は心配していません。

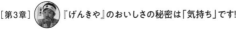

何といっても『げんきや』には、私が試行錯誤しながら2年弱かけて独自に開発したレシピがあります。中津で江戸時代に創業した老舗のしょうゆを使い、ニンニクと生姜をベースに、野菜、果汁、10種類のスパイスと3種類のオーガニックハーブを調和させて完成させた秘伝のタレに、手作業で余分な脂身を丁寧に取り除いた新鮮な国産若鶏を一晩以上漬け込んで熟成させて、注文を受けてから揚げていきます。

良質な鶏肉の旨みを十分引き出す濃過ぎない味付けで、何個食べても飽きのこない本格派しょうゆからあげを実現していると自負しています。おかげさまで、冷めても、冷ましてもおいしいと評判をいただいています。

オススメは、これまでも述べてきたようにムネ肉のからあげ。「ムネ肉は堅くてパサつく」という一般的なイメージを覆す揚げたてのプリプリした食感と、柔らかさとジューシーさ、さらには、冷ました時のなんともいえないしっとりさが好評です。

また、**このおいしさを実現させているもうひとつの秘密は、揚げる「油」にあります**。

一般的に揚げ物というと、「新品の油で揚げたほうがカラッと揚がっておいしい」というイメージがありませんか？

しかし、鶏のからあげの場合、実はそれが当てはまりません。揚げれば揚げるほど、油の中に鶏の脂や骨から出たうま味が溶け出して、鶏のダシが凝縮された特別な油となっていく……と私は確信しています。

色が少し黒くなっても酸化したわけではないので、粘度が出るまで油は大丈夫。逆にそれがおいしさの元となっているのです。

これを私たちは「元油《もとあぶら》」と呼んでいて、それに新しい油を継《つ》ぎ足《た》して使っていきます。この「元油」で、その店独自の味が出ると言われていますが、まるで老舗ウナギ屋さんのタレのようですね。

そのため、私たちが百貨店の催事など店舗以外で揚げる場合は、**敢えて店で使っている古い油を持っていって、それを新しい油に継ぎ足して使用しています。**

ということは、同じプロデュース店で同じ肉を同じレシピで揚げていても、そのお店なりのバランスの「元油」が生まれていきます。『げんきや』の場合、やっぱり本店の売上がトップですが、それだけ多くの鶏のダシが溶け出していると考えれば、他店とは油の質が微妙に違っている可能性はあります。

本店以外や催事で『げんきや』のからあげを食べておいしいと思ってくださったのであれば、中津の本店に来ていただければ、また一味違うからあげを食べられる可能性があるかもしれません。いつかぜひ中津までお越しください。

もちろん、「本店のほうがうまい」と言い切るのは都市伝説レベルの話になってしまいます。ただ、本店には本店なりの味があり、プロデュース店にはプロデュース店の味があるのは間違いありません。

ぜひ、いろいろな店舗でからあげを食べ比べていただきたいと思います。

おいしくなる可能性があるなら肉に音楽だって聴かせます!?

さらにもうひとつ、『げんきや』のからあげをおいしくしている秘訣があります。これは非科学的と言われても仕方がないのですが……**実は、仕込む時に鶏肉に「音楽」を聴かせています**。私はジャズが好きなこともあって、タレ工場と肉のカットを仕込むところではジャズを24時間流しています。もちろん、肉とタレに聴かせるためにです（笑）。

お酒を醸造する時に、発酵中の醪《もろみ》に音楽を聞かせている酒造家がいることはけっこう知られています。例えば、福島県喜多方市の小原酒造株式会社では、醪にクラシック音楽を聴かせて醗酵させて『蔵粋（くらしっく）』シリーズという日本酒を造っています。

実際に比較調査をしてみたら、低温長期、醪にモーツァルトを聴かせることで高い酵母密度を保ち、死滅率も低くなることが確認され、その結果、アミノ酸生成が低くなり、雑味の少ない良好な酒ができることがわかったといいます（福島県南酒販株式会社『酒蔵探訪16』より。http://www.kennan-syuhan.co.jp/brewery/016.html）。

また、黒糖焼酎『れんと』（株式会社奄美大島開運酒造）も、クラシック音楽を聴かせて熟成させる「音響熟成」という手法を用いて製造していることを謳っています。

人間が聴いて心地好い音楽の周波数、振動は、酵母やカビなどの微生物や動物にもいい影響を与えるようです。

この手法を取り入れている大手メーカーも多いようですが、それを表立っていうと非科学的で怪しい商品だと思われるのがオチなので、あまり公表していないのかもしれません。

私の場合、特に比較調査をしているわけでもデータがあるわけでもないので、あくまで〝気持ち〟です。もしかしたら何の効果もないのかもしれませんが、**少しでもおいしくなる可能性があるのであれば、試さない理由はありません**。

料理人も一流になればなるほど、調理法や素材を超えて〝心〟が重要だという境地にたどり着くのと同じ原理です。数値や化学記号では表せない部分ですが、**お客さまに「おい**

しく食べてほしい」という気持ちが最後のトッピングとなるのかもしれません。

だからこそ、鶏肉に秘伝のタレを混ぜる時には「おいしくなれ、おいしくなれ」と言いながら作業をしています。

「ありがとう」に心を込めなくてはお客さまに伝わらない

私は『げんきや』を運営していく中で、〝気持ち〟や〝心〟という部分を大切にしています。もちろん、調理をする時に「おいしくなれ」と念じても味は変わらないかもしれません。しかし、「面倒くさいな」、「つまらないな」と思いながら調理をする味とは絶対に違いが生じるのではないかと、私は信じているのです。

同じことは、「接客」「挨拶」にも言えると思います。同じ「いらっしゃいませ」「ありがとうございました」という言葉であっても、心がこもっているかいないかでお客さまへの響き方も違うはずです。実際、中津には多くのからあげ専門店があるのに、その中から『げんきや』を選んでくださるお客さまには感謝の気持ちでいっぱいです。だからこそ私自身、心を込めて言葉を発しています。

特に、私はコンビニ経営に失敗した経験があるので、接客、挨拶の大切さは身にしみています。以前、お店の自動ドアが開いたら、「いらっしゃいませ」と電子音声で応答する形式が流行った時期があります。これでよしとしているお店もありますが、これは「接客」とはいえないと私は考えます。これは「挨拶」ではなく、ただの「音」だからです。

「接客は『音』になってはいけない。音と『言葉』の違い、わかってくれたかな? そこに心があるかどうかだよ。電子音には心がないんだから」

「みんな日々の接客、音になっていない? ちゃんと言葉になってる? 慣れてくると音になりがちで、それではお客さまに伝わらないよ。挨拶にはせっかく思いを込められるんだから、『ありがとうございます』に心を込めようよ」

そう従業員には言わせてもらっています。心がこもってないと、言葉ではなくただの音ですから、「ありがとう」というフレーズだって人を怒らせることもできます。例えば、夫婦ゲンカの際、正論を言っている妻に対して夫が「はいはい、ありがとう」と面倒くさそうに言うと、怒りの火に油を注ぐだけなのはおわかりでしょう。

だからこそ、「言葉に心を」というのは『げんきや』のモットーのようなもので、**味には直接関係ない接客のところにも心を込めていこうと考えています。**

もちろん、それを100％できているかといったら、足りていない部分も多いかと思います。ただ、店全体に対する私の考えとしては、それをずっと言い続けています。ありがたいことに本当にお店は忙しくて、ピーク時には注文が重なり、お客さまをお待たせしている姿を見ると胸が痛みます。しかし、私が大事にしてきた気持ち、心というのは従業員のみんなはわかってくれていると思うので、それは心強い限りです。

あとでご紹介する実業家の斎藤一人《ひとり》さんの名言に、

「人ってなんのために行動を起こすかで、結果ってまったく違うんだよ。例えば同じ皿洗いでも、『お金をもらうために』やってる人と、『自分の洗った皿で人を幸せにするんだ』と思ってやってる人は、取り組み方がまったく違うんだよ」

という言葉がありますが、その通りだと思います。お金のために揚げているからあげと、人を喜ばせたいと思って揚げているからあげでは、味に違いが出ると私は信じています。

私が従業員に払う給料の原資はお客さまからのもの

私の理想として、開店当初から、従業員の笑顔が素敵な、感じのいいお店にしたいと思っていました。いまの時代、おいしい店が必ずしも売れるわけではありません。平成の始めくらいまでは、店主や従業員が不愛想でも、おいしいものを提供してさえいれば売れるということもあったかもしれません。

しかし、いまの令和の時代は違います。従業員の接客態度の丁寧さや清潔感など、消費者が外食産業に求めるところがだんだん変わってきたなと私は思っています。

写真での「映《ば》え」も重要な要素になってきました。おいしいのは当然であって、**そこにさらに精神的な満足も求める〝心の時代〟になってきたように感じます。**

それは、まさに私が『げんきや』で提供したいと考えていたものと合致していて、いまの時代にうまく当てはまったようです。そのため、飲食店情報サイトで「接客が気持ちいい」「笑顔も素晴らしい」などと口コミで書かれたりすると非常に嬉しくなります。

飲食店の中には、若いバイトの子が「いらっしゃい！」、「ありがとうございました！」と大きい声を張り上げて、「音」で接客を良くしようとしているところもあります。

勘違いされるといけないので補足しておきますが、私はこれをいい接客だとは思っていません。いい接客というのは、言葉に心が乗るかどうか――声の大きい小さいではなく、**心が込もっていることが大切なのです。**

私が従業員によくするたとえ話ですが、
「誰かから10万円をもらったらメチャメチャ嬉しいでしょ？　そんな時にどんな『ありがとう』を言う？　ただデカい声では言わないでしょ。『本当にありがとうございます』っていう気持ちになって、相手の目を見て感謝するよね。ここで考えてほしいのは、皆さんのもらっている給料のこと。払っているのは僕だけど、実はその元はお客さまからのものだよね。**お客さまから間接的に僕を通って皆さんに渡っているのだから、お客さまへの感謝の気持ちを忘れないでほしい**。直接、お客さまからみんなにお金は払われていないけど、同じことなんだよ」

ということを言っています。「なるほど」と思ってもらえれば嬉しいし、より良いお店にするために、『げんきや』では従業員教育を重視しています。新しくお店を出したいという方に対して、研修が1カ月という長期間に及ぶ場合もあるのは、そのためです。

テイクアウトのからあげ店にホームページは不要か？

『げんきや』は中津のからあげ屋としては後発で、常識に捉われずにビジネスをしてきたという観点からいえば、オープン1年後くらいからホームページ（ＨＰ）を作成して、自分たちなりに情報を発信してきたと自負しています。もちろん、立ち上げからデザインは何度もリニューアルを重ねてきました。

いまでは飲食店がＨＰを持つことは当たり前ですが、当時は全国的にもインターネットの影響力を理解していない店舗も多く、からあげ屋にいたってはＨＰを持つ店舗がまだ少ない時代でした。もちろん中津でもしっかりＨＰを運営、活用しているからあげ屋もありましたが、通販まで取り扱っている店舗は少なかったと記憶しています。

おかげさまで、『げんきや』のＨＰは見やすくわかりやすいと好評です（https://www.nakatsu-genkiya.com/）。それもそのはず、東京の実績のあるＨＰ制作会社にお願いして作っているからでしょう。ちょっと値が張りますが（涙）。

私はＨＰ運営に関しては完全に素人ですので、そこはちゃんとプロに頼んで作ってもらいました。そこをケチろうなどという発想はまったくありませんでした。

こうした宣伝費やＨＰの運営費をムダだと思い、削ってしまうお店も多いのではないでしょうか。なるべく余計な投資はしたくないので、知り合いに安くやってもらったり、地方の会社に低予算で頼んだりしてしまうのは理解できます。

ただ、事務的にＨＰを作っただけで、そのまま放置されている例も見かけます。それはそれで否定はしませんが、ＨＰはお店の顔になるものですし、どうせ作るのだったらしっかりやったほうがいいと私としては思いますし、やはりお金は出すところには出さないといけないと考えています。私は、ＨＰはお金を出すべき場所だと判断しています。そこにお金をかける価値があると思っているからです。

「からあげのテイクアウト程度にＨＰなんていらない」という考えのお店があってももちろんおかしくはありません。その価値観はお店によって違うので正解はありませんが、ＨＰを見て、数ある中津の店から『げんきや』を選んでくれる方がひとりでもいるのであれば、その価値はあったといえると、私は思っています。私自身は『げんきや』ＨＰの最初の動画が気に入っています。絶対、からあげを食べたくなるはずです（笑）。

げんきやの店の味が、通販でもおいしく食べられるワケ

ＨＰ上で通販を始めたのは、味が完成する「Ｘデー」が来てすぐのことで、ＨＰの作成とほぼ同時期です。せっかくＨＰを作ったのだから、お店だけを紹介するのではもったいない

ないな、何か活用できないかなと思って、思い付いたのが通販だったのです。

『げんきや』では、からあげの定番のモモ肉と、ヘルシーなのにジューシーなムネ肉をミックスしたいちばん人気の「からあげミックス」を通販で購入できます。ただ、チキン南蛮は材料の問題などがあって、通販では扱っていません。通販商品は、お客さまがご自身で揚げていただく生タイプのセット（衣用の片栗粉付き）と、電子レンジでチンするだけで食べられる2つのタイプを用意しています。どちらも鶏肉の鮮度には自信があります。

しっかりしたレシピも同封されていますので、その通りにやっていただければ、『げんきや』のからあげがご自宅で再現できるはずです。ご自宅で揚げ物をなさるのであれば、ひと手間掛かりますが、生タイプがよりおいしいのでオススメします。

『げんきや』の自慢としては、**中津市の中では瞬間冷凍のシステムをかなり早い段階で導入したことが挙げられるでしょう。**『げんきや』の生タイプの特徴は、タレに漬け込んだ新鮮な生肉を瞬間冷凍していること。一般的に、一度冷凍した生肉を解凍すると細胞が破れてしまい、うま味が出てしまいます。それを嫌がって、からあげを通販する場合は生肉を真空パックして発送するのが主流でした。

ただ、生肉だと傷んだり酸味が出たりする心配があります。到着してからのお客さまの管理によって味が左右される可能性もあります。そうした心配をせず、おいしさをそのまま届ける方法はないかと考えて、たどり着いたのが瞬間冷凍というアイデアだったのです。そのために1000万円以上する高い機械を買いました。瞬間冷凍をして発送しているので、『げんきや』の通販商品は鮮度に自信があるわけです。

百貨店の催事などに持っていく鶏肉も、いくら「賞味期限が1週間あります」と言われていても、やはり最初の日と7日目ではクオリティが全然違います。しかし、最初の段階で瞬間冷凍してしまうと、クオリティはずっと変わりません。

また、レンジでチンするタイプは、本店の職人が揚げたからあげを瞬間冷凍して発送しています。一度揚げていますので、解凍時に細胞が壊れることはなく、本場の中津からあげを手軽に楽しめるはずです。お取り寄せ人気のいちばんで、リピート率も断トツです。

なぜ、『げんきや』のからあげは低価格を実現できたのか？

『げんきや』では、からあげの素材は新鮮な国産若鶏にこだわっています。外国産に比べてもちろん原価は高くなりますが、国産若鶏でなくては『げんきや』の味は完結しません。

これは中津からあげのスタンダードでもあります。

また、からあげ屋としては珍しく、お弁当にも力を入れています。お米は大分県産ヒノヒカリ100％。地産地消という意味で地元産を使いたいという思いがありますが、それ以上に地元のお米が十分おいしいので使っています。

あと、からあげは揚げ物ですから高カロリーというイメージをお持ちと思いますが、鶏肉はタンパク質が主成分なので、ご想像よりもカロリーは低いと思います。もちろん、油で揚げるので脂質こそありますが、糖質は気になるほどはありません。**糖質制限ダイエットをしている方でも食べ過ぎなければ問題はないと私は思っています**。特にムネ肉のからあげならさらに低カロリーです。

ちなみに、『げんきや』のお弁当で人気No．1の「からあげ弁当」は、本店ではサービス価格の450円で提供しています。でも、ちょっと価格設定を失敗しましたね（笑）。冗談抜きで薄利多売のサービス商品です。

本音としては全商品値上げしたいのですが、皆さんにおいしくリーズナブルに食べてほしいので、もう少しいまの値段で頑張ります。

価格設定に関しては、オープン当初は店の味も確定していなくて自信もなかったことから、他店と同じ金額では売れないと思っていたことと関係しています。「周りのお店より安くないとお客さまが来てくれないのではないか」と、最初は弱気だったわけです。その後、味が完成してお客さまも来てくれるようになりましたが、お客さまが増えてからは逆に値段が上げにくくなってしまいました。調子に乗ったと思われるのも嫌ですしね。

もちろん、消費税増税の時だけは値段を見直さざるを得ず、少しだけ上がってはいますが、もともとがリーズナブルだったので、いまでもあまり変わらない値段で提供しています。

ただ、価格は人件費やテナントの家賃に左右されるので、同じプロデュース店でも店舗によって値段が異なります。それでも、からあげ弁当は500円前後に抑えているお店が多いです。正直な話、本店の価格のまま東京でお店を経営していくのは不可能です。本店であり、大分だからできることだといえるでしょう。

“いま”来てくれているお客さまを大切にしたい

大分では、からあげをおかずに家族でご飯を食べるという文化が定着していることもあって、『げんきや』本店ではお弁当のご飯の大盛りを無料にしています。これも、ただただお客さまに喜んでもらいたいという気持ちからの設定です。おおげさではなく、薄利多売で頑張っています。それでも、ありがたいことに11年連続増収、増益を達成しました。なぜこれが可能かというと、ちょっとした秘訣があります。それは、**基本的に「お客さまが減らなければいい」という考えを徹底しているからです**。

一度、『げんきや』を気に入ってくれたお客さまを極力減らさない――もちろん、離れていく方はしょうがありませんが、極力離れていかないように努力しているのです。

お客さまが増えなくても、減りさえしなければ、「気に入った」とか「おいしかった」という口コミがSNSなどで広がりますし、お店に行列ができていると、たまたま店の前を通る人も新規のお客さまとして入ってくる可能性が高まります。

そのためにはどうするか？　それは〝気持ち〟を大事にすることです。

人間ですから、お客さまには怒ったり喜んだりする〝感情〟があって当然です。だからこそ、こちら側が感謝の感情を持って接すれば、温かい気持ちとなって伝わる人たちがいます。その人たちがひとり、またひとりと積み重なっていくイメージです。

つまり、〝将来〟来てくれるであろうかもしれないお客さまよりも、**〝いま〟来てくれているお客さまを大事にするという考えを徹底しているのです**。

飲食店を見ていると、お客さまを「減らさない」ことではなく、「増やす」ことに力を入れているところが多いように感じます。つまり、〝いま〟来てくれているお客さまよりも、〝将来〟来てくれるであろうお客さまのほうを向いて営業しているということではないでしょうか。もちろんそれも否定しません。しかし、**新規のお客さまをいくら増やしても、その人たちが二度と来てくれなければ、結果的にお客さまは増えていきません。**

ラグビーでたとえるなら、攻撃ではなく、防御を重視するイメージでしょうか。いくら攻撃力があって点を入れても、守備がザルだったら、そのチームは負けてしまいます。私はお店経営においてもまずディフェンスを重視し、どうしたらお客さまを減らさないのかいちばんに考えてきました。

それはコンビニの失敗から学んだことでもあります。コンビニ時代は攻撃一辺倒で守備をまったくせず、お客さまに「また来てもらおう」なんて気持ちを持っていませんでした。私は当時、笑顔の大切さにはまったく気が付いてなんかいません。いま思えば、コンビニもすごくいい経験、いい勉強になったなと思っています。

からあげ屋である以上、味がいいのは当たり前で、サービスも非常に重要です。しかし、いちばん大事なのは〝心〟ではないかなと思っています。

何のために、私はからあげ屋を営んでいるのか？

私がお店を経営する上で、ずっと頭にある言葉があります。

「商いの原点は、どうしたら売れるか儲かるかではなく、どうしたら人々に心から喜んでもらえるかである」

松下電器産業（現・パナソニック）の生みの親、松下幸之助《こうのすけ》さんの言葉です。

商売においては、どうしたら利益が出るかではなく、どうしたらお客さまに喜んで買ってもらえるのかを第一義にするべきだ——当たり前といえば当たり前の言葉ですが、実際に経営に携わっていると、この当たり前をどんどん忘れていって、どうしたら儲かるか、どうしたら利益を出せるかばかり考えてしまいがちです。

からあげ屋を例にとると、値段はそのままでもひとつひとつのからあげを小さくしたり、材料を外国産に変えたり、弁当の容器を底上げしたりすれば、たしかにコストがカットできて、その分、利益は出るかもしれません。

実際、私だって利益確保が頭をよぎる瞬間はありますが、そんな時は松下さんの言葉を思い出すようにしています。**果たして、それでお客さまが喜ぶのかどうか――**何かを変える必要がある場合、私はそれを判断基準にして考えるようにしています。

松下さんのその言葉と出会えて本当に良かったです。それはずっと思っています。自分にウソをつけないですし、お客さまをダマすようなことなんか絶対にできません。

喜んでもらおうと頑張った結果、喜んでもらった結果、経営者が受け取るものが報酬です。そうでなければ商売は続きません。松下幸之助さんも「商売は世のため人のための奉仕にして、利益はその当然の報酬なり」と「商売戦術30か条」の第1に挙げています。

逆に、お客さまに喜んでもらうことを考えずに利益重視のコストカットをした場合、一時的に儲かったとしても、利益拡大どころか、経営をキープしていくことすら簡単なことではなくなるでしょう。調子が悪くなったら、まずはコストカットに走る経営方針では、誰にも喜ばれないですし、きっと誰にも助けてもらえないと思います。

やはりお客さまも人間ですから感情というものがあります。最後はその感情をいかに味方に付けられるかではないでしょうか。それは計算ではなく、**純粋に「お客さまに喜んでもらいたい」という気持ちから湧き出るものではないと、お客さまに見透かされます。**

そのためには、こちらの感情も込めていかないといけません。

「『げんきや』を選んでくれてありがとう！」

「いつも来てくれていて嬉しい！」

そんな思いを持って、お客さまに喜ばれることを続けていけば、全員ということはないにしても、伝わるべき人には伝わると思っています。

もちろん、「そんなこと関係ないよ。店はおいしけりゃいいんだよ」という経営者もいることでしょう。しかし、「このお店、ちゃんと『心』が入ってるな」と感じてくれることは必ずあるはずだと、私は完全に信じていますし、絶対に伝わる人もいるはずです。だから、こちらは「心」を入れて接していくのみです。

神奈川県から大分本社に電話をかけてきたその理由は？

『げんきや』は、催事でよく百貨店やデパートにも出店させていただいており、神奈川県ではすっかりおなじみになっています。

これは7年くらい前の話ですが、神奈川県のとある百貨店の催事に『げんきや』を出店していた時のことです。私はこの出店のために現場に来ていたのですが、大分県の本社から連絡がありました。

何事かと思ったら、神奈川県の催事で『げんきや』のからあげを買った女性の方から、わざわざ大分の本社に電話がかかってきたというのです。クレームだったら申し訳ないなと思って内容を聞いてみると、そうではありませんでした。

詳しく聞くと、その方は胃がんを患っていて、ずっと食欲がなかったそうです。もしかしたらご高齢のため、手術をせずに抗がん剤治療をしているのかもしれません。その方が、ふらっと買い物に行った際、『げんきや』が出店しているところの前をたまたま通りかかったといいます。そこで『げんきや』のからあげの匂いをかいだら久々に食欲が湧いてきて、思わずからあげを買ってしまったそうです。そして家に持ち帰って食べたら、あまりにもおいしかったので、感激したといいます。

「ご迷惑かもしれませんが、どうしてもお礼が言いたくて電話させてもらいました、販売員の人にありがとうと言ってください」

電話をいただいてすぐに本社の事務員が受けたのを知らせてくれたのです。私は嬉しくて泣きそうになりました。私だけではなく、神奈川の現場にいたウチの社員はみんなウルッと来ていました。わざわざ大分まで電話してきてくださるなんて、本当にありがたいことです。私たちに勇気も与えてくれました。

　そもそもからあげというのは、いまの世の中にはいっぱい選択肢があって、コンビニでもスーパーでも大手飲食店でも気軽に買えるものです。しかも、ご家庭内でも作れるので、特別な料理でも何でもありません。そんな中で、わざわざ本社に電話をかけてくれてまで「おいしかった」と言ってくださるお客さまがいるということ自体、ものすごく嬉しいことでした。

　こうした出来事ひとつをとっても、「いままでちゃんとやってきて良かった」と思います。これこそ商売の原点だと思っています。「おいしい」「ありがとう」という言葉をいただいたら、食品偽装なんて絶対にできませんし、してはいけないという戒《いまし》めになります。また、『げんきや』が「国産若鶏100％」と謳っている以上、それはお客さまとの約束です。

　味を喜んでくれるどころか、感謝までしてくれるお客さまがいるのですから、その気持ちを裏切るような真似は絶対にしてはいけませんし、そのために正直に前を向いてやっていこうと、心を新たに思うところです。

　そうした私の姿勢や心を神様が見てくれていたらいいなと思っています。

【舷喜屋】
げんきや
大分中津
からあげ専門店
日本一
ゲンキヤ太郎
総本店
営業時間 11時〜21時
からあげ
砂ずり
チキン南蛮
とり天
お弁当

第4章

食べてくれる人を幸せにする『げんきや』の経営哲学

ラグビーの試合中、タックルから逃げた自分が許せなくて

私の人生を語る上で欠かせないものに「ラグビー」の存在があります。これまでにもちょこちょこ「ラグビー」という言葉がこの本の中に出てきましたが、私はこのスポーツからチームワークや仲間との絆《きずな》など、多くのことを学ぶことができました。

その中でも、心の奥底にオリのように残っている戒めがあります。それは学生時代、現役最後の試合での出来事から学んだことです。

私は身長162cmと小柄で、ラグビーでは背番号「9」のスクラムハーフというポジションを務めていました。スクラムを組むフォワードと、走力のあるバックスとのつなぎ役で、体の強さよりは俊敏性《しゅんびんせい》、パスの正確さ、そして判断力が求められるチームの要《かなめ》です。19年のラグビーワールドカップでは田中史朗選手（キヤノンイーグルス）や流大《ながれゆたか》選手（サントリーサンゴリアス）が務めていたポジションです。

余談ですが、田中選手には『げんきや』のからあげを食べていただいたことがあります。「おいしい」という言葉をいただいて、嬉しく思っています。

さて、私の現役プレーヤーとして最後となった試合の話ですが、チームは劣勢のまま、これ以上の失点は許せないという状況でその時を迎えました。

敵チームはボールを保持したまま、連続攻撃を仕掛けてきます。私のチームは全員、気持ちの入った必死のタックルで防御していました。

そんな中、私の目の前に敵チームの大きなフォワードの選手が突っ込んできました。明らかに私がディフェンスしなければいけない状況です。

しかし私は……彼にタックルをせずに、逃げてしまいました。正確にいうと、足がすくんで、タックルにいけなかったのです。チームメイトは、単に私がかわされただけだと思っていたことでしょう。でも、自分ではタックルに行けなかった自覚があります。１８０cm１００kgの相手がスピードに乗って突っ込んできて、怯《ひる》んでしまったのです。

結果として、そのプレーを起点に相手に点を取られて、試合に負けてしまいました。チームメイトは私が逃げたことに気が付いていないので、誰も私を責めるようなこともありませんでした。いっそ責めてもらったほうが、気がラクになったかもしれません。

自分より大きな相手が迫ってきた時に、自分は逃げてしまった――その自責の念が、その後悔の気持ちだけが、その後の人生でもずっとすごく引っ掛かっていたのです。

もし結果的にタックルがかわされたとしても、逃げずにプレーしていれば、こんなに引きずることはなかったでしょう。私が全力でタックルにいったのに、相手にぶっ飛ばされたり、ステップで抜かれたりしたのなら、相手のほうが一枚上、自分の力不足ということで何の悔いも残っていないはずです。

これは結果の問題ではありません。たぶんタックルにいったとしても、40kg以上の体重差があったので止められなかったと思います。ただ、そこでチャレンジできなかった自分、「死んじゃうかも」と逃げてしまった自分が許せなかったのです。

タックルにいって、倒せなかったらそれはもうしょうがありません。それは自分の筋力やスキル、体の大きさだとか、いろいろ原因はあるかもしれませんが、自分の力不足だと納得できます。**でも、逃げたことは自分の心の問題です。**

この出来事が、私のビジネスにおける強烈な原《げん》体験となりました。

ラグビーはプレー中に大けがをする可能性があるスポーツですが、ビジネスで失敗したところで命までは取られません。そのため、何かチャンスが巡ってきた時に、やるかやらないかという選択があったとしたら、私は極力チャレンジするほうを選択してきました。また逃げて、悔いを残したくないからです。

いまでは戦いの場はラグビーのフィールドからビジネスの世界に変わりましたが、結果はともかく、今度は逃げずに、リスクを恐れず、全力を出してチャレンジしていこうと心に決めたのです。

仲間を信じて任せられるのはラグビーをやっていたから

ラグビーというのは面白いスポーツで、私のような162㎝の小柄な人間から、2m近くの大男、100kgを超える巨漢まで、さまざまな体形の人間がひとつのグラウンド内で激しく戦います。

体は小さいけどすばしっこい者、力はないけど足が速い者、攻撃では目立たないけどタックルではピカイチの者、タックルが苦手だけどパスやキックが非凡な者、不器用だけどリーダーシップのある者……それぞれが個性と長所を生かして、ひとつのチームとして戦っていきます。そして、それぞれのポジションごとに求められる役割が違っています。まさにラグビーというスポーツは社会の縮図、組織の縮図だと感じます。

私がやっていたスクラムハーフというのは、自らボールを持って前進する点取り屋ではなく、突進するフォワードにボールを託したり、トライを狙うバックスにボールを供給して展開を任せるのが仕事です。そういうポジションで長年スポーツをしてきた影響か、経営者となっても人に任せるのが向いているようです。

経営者の中には、「すべて自分でやらないと気が済まない」というタイプもけっこういるものです。そういう人に比べると、私は人に任せまくりです。私は、よく周りから「おまえって、人にすべてを任せられるのがすごいよな」と言われるほどです。

どうして人に託すことができるかといえば、**「仲間を信じる」ことができるからです。**これもラグビーから教わったことのひとつです。

私は社員やスタッフを信じているので、彼らに任せるのは全然平気です。逆に言うと、任せているということは心から信用しているという心情の表れでもあります。

この「仲間を信じる」というラグビーの神髄《しんずい》が身についていたことが、『げんきや』がここまで大きく成長し、おかげさまで順調にいっている理由のひとつではないかなと思います（だからこそ、私がするべきだったタックルをせずに逃げたという、仲間の信頼を裏切るようなことをした自分をずっと許せなかったわけです）。

そもそもラグビーも、会社の経営も、自分ひとりでは絶対にできないことです。小さなお店を1軒経営するのであれば、ひとりでもお店の中は何とかなるかもしれませんが、事業を拡大していくとなると、仲間を信用して、任せる部分は任せていかないと、体がいくつあっても足りません。

人に任せるからには、相手に100点を求めてはいけないないとも思っています。私は80点、いや70点で十分だと思っていて、残りは「遊び」の部分。実質的に何も生み出さないアイドリングの状態でいいと考えています。私がスタッフにきっちり100点を求めたらしんどくなるでしょうし、何より仕事がつらくなることはあってはいけません。

仕事での人間関係の多くはラグビーから学んだ

人間というのはまさに十人十色、社会にはいろんなタイプの人間がいますが、ラグビーのプレーヤーもまったく同じです。1チーム15人という大人数で戦うスポーツゆえに、タイプも性格も考え方も違う15人がまとまらなければ勝てません。交代選手もいるので、1チームはもっと大所帯で多様性があります。

ひとりひとりまったく違う個性を持っているにもかかわらず、勝利という目標に向かって団結していく様《さま》は、会社組織とも共通するところです。仕事における人間関係というのは、私は多くはラグビーから学んだといっても過言ではないでしょう。

「信用して人に任せる」ことの最たる例として、「特別なイベントの除いては、信頼できるスタッフに揚げも任せている」ということ挙げたいと思います。いま私が揚げるのは、「からあげフェスティバル」や本店の特別なイベントの時くらいですから、年に数回あるかどうかです。

その理由はふたつあります。

ひとつは、やはり経営を一生懸命やらないといけないということ。経営と現場は違いますし、経営ではまだまだ学ばなければいけないことがいっぱい残されているからです。毎日が勉強です。

そしてもうひとつの理由は、のちほど詳細は綴りますが、私はからあげを揚げ過ぎて腰を痛めてしまいました。それをきっかけとして、**スタッフが「僕たちに任せてください」と申し出てくれたことです**。『げんきや』では、徹底して研修に取り組んでいることもあり、社員もアルバイトも育ってくれる環境にあり、私自身が揚げなくても、おいしいからあげを提供できているという信頼も自信もあります。

たとえば催事事業部部長の徳川さんは本当に優秀で、安心して催事事業部を引き継げましたし、催事で素晴らしいからあげをお客さまに提供してくれています。

本店にしても、味はいっさい落ちておらず、人材が育ってくれたことに感謝する毎日です。バトンタッチに成功したといっても過言ではないでしょう。

ちなみに私の腰ですが、ラグビーでタックルにいったケガならカッコいいのになあ、といまでも思っています（笑）。

失敗はすべて自分の責任。人のせいにしても無意味

幸いなことに、私はビジネスにおいてダマされたという記憶はありません。もちろん、結果的に損をしてしまったという経験はいくらでもあります。でも、先方が私をダマそうと思って接近してきたようなことはないはずです。

例えば、『げんきや』は中国に進出して失敗したことがあります。でも、それは、中国というお国柄《くにがら》、不動産の契約、商習慣の違いなどでうまくいかず、結果的にうまくいかなかっただけ。何より私の勉強不足が原因でした。

たしかに、金銭的には大きな痛手となった失敗ですが、誰かを憎んだりするようなことはありません。むしろ、これでまた勉強になったと思っているくらいです。

もし、おいしい話に乗せられたとするならば、悪いのはその話に引っ掛かった自分。責任はすべて自分にあります。

またラグビーの話になってしまいますが、**ミスを人のせいにしないというのも、ラグビーから学んだ精神かもしれません**。

負けたら自分が弱いだけ、失敗したら自分が下手なだけです。相手が強過ぎると文句を言ったり、仲間のミスを責めたところで、意味はありません。ラグビーをやっていて、精神的な部分で大きく成長できました。野球でもそうですよね。自分が三振したのに、人のせいにするような選手だったら成功は望めません。

コンビニでの失敗は、私の人生においては「成功」だった！

私が『げんきや』のスタッフにいちばん求めていることは、店名が『げんきや』だけに、明るい笑顔です。**「笑顔」というのは、人間の最大の武器だと私は思っています。**

訪れたお客さまが自然に笑顔になるような接客をしてくれるお店だったら、気持ちがいいし、また行きたくなりますよね。

いま、本店でバリバリに働いている店長の麻生《あそう》君は、笑顔が素敵な28歳の男性ですが、6年前に初めてウチに来た時は表情が硬くて、正直、接客ができるようなタイプではありませんでした。休憩中も笑顔がなくて、作り笑顔すらできなかったのです。

そのため、仕込みや揚げの仕事を覚えてもらうよりも先に、笑顔の練習をしてもらいました。手鏡を渡して自分の顔を見るように言ったのはもちろん、彼のために鏡を店の中に張りました。麻生君が毎日笑顔の練習をするための専用の鏡です。

結果、いまでは店いちばんの爽やかボーイになっています。本当に笑顔がまぶしい。お客さまから見ても、本当に素敵な男になったなと思っています。

とはいえ、いま私が「笑顔が大事だ」なんて偉そうに語っていても、最初からそう思っていたわけでありません。私が大きく変わったきっかけは、やはり若くしてコンビニ経営で失敗したこと。そこからもさまざまなことを学ぶようになりました。

考えてみれば、私が経営していたコンビニは車が停めにくく、従業員に笑顔などなく、誰も助け合うようなことも一切ありませんでした。『げんきや』ではそれを反面教師として、逆のことをやっただけかもしれません。

駐車場を広くして車を停めやすくし、みんな笑顔で気持ち良く接客をして、お互い助け合って仕事を進めています。学生時代は天狗だった私も、謙虚に感謝の気持ちを持ってすべての人に接しようと心掛けています。

そういう意味では、**あのコンビニの失敗は、私の中では「成功」でした**。ビジネスとしては失敗ですが、人間的成長に結び付いたという意味では大成功だったといえます。

私はもともと勉強が好きではなくて、教科書すらまともに読まない人間でした。しかし、その失敗を機にビジネスを真剣にイチから勉強し、**何よりも本を読み漁るようになって人生が大きく変わりました**。

それまでは本なんてほとんど読んだこともなかったのですが、失敗があったからこそ、事業に成功した先人たちの言葉に興味を持つようになったのです。そこで、経営や自己啓発、リーダー論などの本を読むようになって、驚くほど自分が無知で何もできていなかったことに気付かされました。そこでようやく目が覚めたといってもいいかもしれません。

読書によって、どれだけのアイデアが生まれ、どれだけ自分の人格形成にプラスになったことか——読書もまた、私の先生だったと思っています。

悪い出来事でも、そこから何を学んで未来につなげられるか

仮にあの20歳の時にコンビニの経営に成功して儲かっていたら……そう思うと怖くなります。絶対にデタラメな、感謝も謙虚さも恩返しの気持ちも持たない、ダメな人間になっていたことでしょう。人の気持ちも笑顔の大切さもわからないままで、お金を持っていたところで、ロクな使い方はしなかったはずです。

成功はすべて自分だけの手柄だと思い、周囲に対する感謝の気持ちもないような人間には誰もついていきません。人が喜ぶような、あるいは社会の役に立つような商品やサービスを提供したいという気持ちにも、きっと至らなかったことでしょう。

そう考えると、「20代前半の時点でたたきのめされて良かったな」、「社会の洗礼を受けて良かったな」と、本当に心の底から思います。失敗して運が良かったです。

いま思うのは、**「人生で起こることはすべて自分にプラスである」ということ。**

以前は、ビジネスがうまく行かない時は、私も「自分はなんて運が悪いんだろう」などとネガティブに考えたものです。ですが、自己啓発の本などを読み漁って勉強したおかげ

で、同じ出来事でもどのように捉えるかで結果が変わることを学びました。

その時に起こった不幸な出来事、いや、不幸のように見える出来事というのは、前を向いて頑張って生きてそこを乗り越えると、必ず「ああ、あれはあれで良かったんだ」という分岐点になっているものです。

そこで自分と向き合わないで、いつまでも「運が悪い」、「環境が悪い」、「社会が悪い」と周りのせいにしていては、自ら成長の芽を摘むようなものです。

従業員に限らず、プロデュースしたお店の人や後輩などが何か困った事態に陥って、私にアドバイスが求められた時には、

「いまは悪いように見えてるだけで、前を向いていれば、何かいいことが起きるための試練だったと言える日がいつか絶対来るから」

といつも言っていますし、実際に自分にも言い聞かせているのです。

読書をすることで、偉大な創業者たちと「会話」ができる

読書をし始めた頃は、松下電器産業の生みの親、松下幸之助さんの本をよく読んでいま

した。利益を生むことよりも社会に役立つことの大切さなど、経営者としての哲学を学ぶことができました。

それから、『銀座まるかん』の創業者、斎藤一人さん。いまはもう毎日といってもいいぐらい、斎藤一人さん関連のＹｏｕＴｕｂｅチャンネルを視聴しています。お会いしたことはありませんが、本やＹｏｕＴｕｂｅで発信されている言葉を聴いて、本当に尊敬しています。私の中では〝神〟のような存在だといってもいいかもしれません。

斎藤さんは全国高額納税者番付、いわゆる長者番付に12年連続で10位以内に入り（１９９３～２００４年）、２度納税日本1位になっています。累計納税額も日本一で、「納税王」の名をほしいままにしています。

それだけの実績があるし、おっしゃっていることのすべてが腑に落ちます。メディアには一切出ないことから、「どんな人なんだろう？」と興味をそそられますよね。

「何でも面白いと思えば、いろんないいことが起きる。奇跡なんかいくらでも起きるよ」

「人にやられたことで自分が嫌な思いをしたことは、他人にしなきゃいいんだよね。それでだいたいね、成功者になれるんだよ」

斎藤さんがおっしゃっていることは、笑顔を大事にしようとか、「ツイている」という口癖はその人を幸せにするとか、自分を人と比べてはいけないとか、当たり前のことばかりなのですが、この当たり前のことがなかなかできないのが人間というもの。その基礎ができていないのに、いきなり「億万長者になりたい」「楽をして儲けたい」などとウルトラCを求める人が多いですし、本を読む前の私もそれに近いものでした。斎藤さんは〝当たり前をきちっとやっていく大切さ〟をいまでも教えてくれます。

斎藤さんは、時には突拍子もないアイデアも教示してくれますが、何よりも人に対しての態度や、自分の心構えなど勉強になることばかりでした。

私は読書で救われましたし、人間として成長もできました。なぜなら、**本にはその人がその1冊を書くまでの人生が詰まっているからです**。

そんな貴重な人生経験を時には真似したり、時には参考にしたり……読書を積み重ねることで、私は自分なりの理論を構築できて、いまがあると思っています。

自分が会って話してみたい人でも、もし亡くなっていたらもう話すことができません。しかし、**本であれば著者と会話ができると私は思っています**。もう松下さんとは話をすることは不可能ですし、斎藤さんにも簡単には会えません。でも、本を通して、その人の考えていることや体験したことがわかるというのはすごいことだと思いませんか？

先人たちが壮絶な経験の中から得た価値観や哲学、つまり「人生ではこれが大事だぞ」というポイントを本に書いて教えてくれているわけですから、それを勉強しない手はありません。それで私は何回も救われました。しかも、それが1000円前後で買えるのですから、何でもいいから読んでみるべきだと思います。私はコンビニ経営に失敗して手元に1000円しかなかった時でも、食べるものを我慢してでも本を買っていました。

もちろん、すべてのページに金言《きんげん》が載っているようなすごい本もあれば、途中で飽きてしまう本もありますが、私は、「1冊の中で3つの気付きがあれば、それで元が取れた」と思っています。ほかにも、作家の中谷彰宏《あきひろ》さんが綴る自己啓発本や、外国人経営者が著者のビジネス本などからも大きな影響を受けています。

継続して積み重ねていくことができるかが成功への道

本を読んで学んだ大事なことのひとつに、「継続して頑張ること」があります。これが、なかなかできそうで、できないんですよね。

私にとって、「英会話を若い頃から継続して頑張っていれば、いまごろはしゃべれていたのではないか」という人生の後悔があります。

私は25歳くらいで初めて海外に旅行に行きました。たまたまビジネスがうまくいって、ハワイやラスベガスなど、アメリカに遊びに行ったのです。日本に帰ってきた時には、「英語をしゃべりたい」と強く思いました。いや、しゃべらないといけないとまで思い、英会話のレッスンにも通い始めたほどです。

しかし、だんだんとレッスンに行くのが億劫《おっくう》になり、いつの間にか英語を話したいという熱意は冷めていきました。結局、いまもしゃべれないのが現実です。もしあのまま英会話のレッスンを続けていれば……あれから20年以上あったわけですから、いまはペラペラとしゃべれた可能性も十分にあります。

自分も含めてですが、自分で決めたことを成し遂げていない人というのは、途中でやめてしまった人ですよね。**「できない」ではありません。「やめてしまう」のです。**

ダイエットでもそう、英会話でもそう、楽器の演奏でもそう。自分で決めたはずなのにそれが継続できないのです。だから、何かやりたいことや目標を持ったなら、一に継続、二に継続、さらに継続を積み重ねていくことが重要なのです。

例えば、いまはからあげブームだということもあって、からあげ屋を始めたいという方もいるでしょう。お客さまから「おいしい」と笑顔で言っていただくことはほかの仕事では味わえない感動と喜びがありますし、ぜひ参加してほしいと思います。

しかし、最初からうまくいくかもしれませんし、いろいろな事情から苦戦することもあるかもしれません。そこでからあげ屋を続けていくために、失敗から多くのことを学び、改善していってほしいと思います。大事なのは、ダメなことがあったとしても改善していくこと、そしてそこから学んでいくこと。**その積み重ねができるのが、成功する人間の条件だと私は考えています**。

何も沈みゆく船にいつまでもしがみついていろという意味ではありません。スパッと新しい船に乗り換えるのも大切です。ただし、前の船が沈んだのを〝なかったこと〟にするのではなく、その経験も糧《かて》にしていくことが重要だと言いたいのです。

成功に必要なのは、才能や要領の良さではありません。継続して積み重ねていくことのできる能力なのです。その能力はきっと成功につながることでしょう。私は〝からあげプロデューサー〟として、可能な限り業界をサポートしていきたいと考えています。

試練、逆境をどう乗り越えるのか、神様はきっと見ている！

「小さなことを積み重ねることでいつの日か信じられないような力を出せるようになっていきます」

「毎日小さなことを積み重ねて、記録を達成した」

これは、日本人初の米メジャーリーガー外野手として活躍し、ＭＬＢシーズン最多安打記録、ＮＰＢとＭＬＢ通算安打世界記録、そして野球の祭典・ＷＢＣにおける伝説の一打など、さまざまな偉業を打ち立てたイチローさんの言葉です。

実は、私はイチローさんと年齢が一緒。彼の動向にすごく刺激を受けています。

私はイチローさんが本当に大好きで、自分のゴルフバッグは完全にマリナーズのユニフォームのイメージ。もちろんオリジナルで作りました。イチローさんの背番号51番と、イチローが生涯打ったヒットの数４３６７（ＮＰＢ／ＭＬＢ通算。ギネス世界記録に認定）も刺《し》繍《しゅう》で入れています。

私がイチローさんを好きになったきっかけは、20代前半の頃まで戻ります。私はコンビニの経営で失敗をして、21歳の頃はお金がまったくない状況でした。そんな時に、球界に突如現れたのが21歳の、同い年のイチローさんだったのです。

その年（94年）からオリックス・ブルーウェーブ（現・オリックス・バファローズ）の監督となった仰木《おおぎ》彬《あきら》さんに類《たぐ》い稀《まれ》な打撃センスを見出された青年は、登録名を本名の「鈴木一朗」から「イチロー」に変更してレギュラーとして活躍。日本プロ野球新記録となる69試合連続出塁を記録したほか、日本プロ野球史上初となるシーズン200本安打の偉業を達成し、首位打者はもちろん、最高出塁率、ベストナイン、ゴールデングラブ賞、正力松太郎賞、そして打者としては日本プロ野球史上最年少でシーズンMVPを獲得するなど、まさに破竹の勢いを見せてくれました。

その後、イチローさんはトントン拍子で日本のスーパースターになって、やがて世界のスーパースターにまで成長していったのはご存じの通りです。

同い年でも、片や世界のスーパースター、片や失敗のどん底にいて無一文――一歩間違うとひがんだり妬《ねた》んだりするところですが、私は同い年なのにトップレベルで頑張るイチローさんの姿に強く励まされたのです。

たしかにコンビニ経営に失敗しました。でも、日本のプロ野球で首位打者を獲ったり、アメリカのＭＬＢで活躍する姿を見ているだけではもったいないし、落ち込んでいるだけではもったいないし、ちっぽけなことだと思えました。逆に、同級生でそこまでできる人がいるのであれば、「自分にだっていまの状況を打開するようなことが何か絶対にできるはずだ」と、活躍するイチローさんの姿から勇気とエネルギーをいただきました。

お金がなくてすごくつらい時に、イチローさんが私の憧れるモデルとなってくれたということで、いまでも大好きなのです。

そんな野球の天才ですら、「継続と積み重ねの大切さ」を説いているのですから、これは間違いありません。

からあげ屋の話に戻すと、最初の頃は全然売れずに廃業の危機もありましたが、とにかく積み重ねてきました。イチローさんですらそうなのですから、私のような凡人には積み重ねるしか勝つ方法はありません。凡人が積み重ねられなかったら勝てません。

いま私は、「からあげグランプリ®」で最高金賞を獲れて、プロデュースしたお店の店舗数は日本一、獲得タイトル数は21冠を達成して、幸運にもみなさんに喜んでいただける身ですが、やってきたことを振り返れば失敗のほうが明らかに多いのです。本当に「神様って意地悪なんじゃないか」と思うぐらい、うまくいかないことだらけでした。

ただ、**その意地悪をどう頑張って乗り越えていくのかを、神様は見ているのかもしれません。**そして、「こいつ、よう頑張ったな」と最後に神様が認めた人間には、成功という名のご褒美が用意されているような気がします。

いまの私にだって、まだまだ失敗することがたくさんあります。これからも間違いなくあるでしょう。でも、成功するために神様がハードルを置いてくれていると考えれば、結果はともかく、逃げずにチャレンジすることができます。

「失敗しない人は成功しない。何故ならチャレンジしないからである」

「万策尽きたと思うな！　自ら断崖絶壁の淵にたて。その時はじめて新たなる風は必ず吹く」

これは松下幸之助さんの言葉です。深いですよね。

お金を稼ぐことは目標になっても、使命ではない

ビジネスとしてやるからには、お金はもちろん重要です。利益を上げていかないと、社員や家族を幸せにできないですし、事業規模を拡大させていくこともできません。

ただ、やっぱりお金だけでは人は頑張れないものです。もちろんお金は大事ですけど、

それだけでは続きません。

ちょっと哲学的になってしまうのですが、**お金を稼ぐことは目標であったとしても、「使命」ではないはずです**。自分がこの世に生を受けて、やるべきミッションがお金を稼ぐことだったとしたら、むなし過ぎますよね。そうではなくて、人間ひとりひとり、何かすべきことがあるのではないでしょうか。

私の使命とは何なのかと考えた時に、それはやはり人に喜んでもらうこと、周りの人を笑顔にして、幸せになってもらうこと、そしてそれを仲間と一緒になって実現していくことだと、明確に自覚することができました。

いまは「からあげで世界進出」をひとつの目標としていますが、**それは別にお金儲けがしたいからではなく、より多くの人々に喜んでほしいからです**。そのためにも、まだまだ『げんきや』の味を追求していきたいと思っています。

だからこそ、お客さまから「おいしい」と言ってもらえると、それは大きな励みになりますし、世界中に笑顔を広めるモチベーションになります。

やはり一流になった人たちというのは、そういう思いがあるようです。かのイチローさんも、2016年8月に史上30人目のMLB通算3000本安打を達成した時、「チームメイトやファンが喜んでくれたことがいまの僕にとって何より大事なものだということを再認識した瞬間でした」と試合後の会見で答えています。

目標に向かって進んでいる途中、自分のためだけでは頑張れないことが出てくるものです。自分のためだけだったら、「もうここまででいいよ」と勝手にゴールを決めてしまうこともあるかもしれません。

しかし、私にはお客さまや社員、家族、仲間がいます。そういう人たちの顔を思い浮かべると、「よし、もうひと踏ん張りするか！」と、その人たちのためにも頑張れます。逆にいうと、彼らが頑張る気力を与えてくれる存在になっているということです。

げんきや
www.nakatsu-genkiya.com

第5章

世界でいちばん運のいい男は、日本を飛び出て世界で「からあげ革命」を起こす！

7回死にかけた自分。運がいい？　それとも悪い？

私は自分でかなり運がいいほうだと思っています。

子どもの頃はたしかに恵まれたとはいえない家庭環境でしたが、いまでは「貧乏で良かった、運が良かった」とさえ思っています。

考え方次第で、その瞬間は不幸に思えたことでも、何年か経って、それが肥《こ》やしになっているのであれば運が良かったと考えられるようになりました。

からあげをお腹いっぱい食べられなかった子ども時代があるからこそ、おいしいからあげを皆さんに提供できるいまがあると思っています。

実は、私はこれまで7回死んでもおかしくない事態に直面しました。だから、いま生きているだけで運が相当いいといえるでしょう。多くは交通事故ですが、死んでもおかしくない状況がそんなにあったのに、それでも生きているのですから。

食欲をなくすような話なので詳細は省きますが、幼稚園の時には、50㎝ぐらいの細い木の棒を持って走っていたらつんのめって転んでしまって、その棒が口の中に飛び込んできました。たまたま歯茎のところに当たって、喉に刺さるようなことはなかったのですが、ちょっとズレていたら生命の危機がありました。幼心《おさなごころ》にも「あ、死んだ」と思いましたから、運が良かったのです。

大学時代には、バイクを買ったその日にトラックにはねられました。これは私の友達の中では、悪い意味で伝説になっています。

中古で買ったバイクに乗って帰ってきて、もうすぐ自分が住んでいるアパートというところでした。一旦停止の交差点があるのですが、いつも通っている道という油断と、バイクを買った嬉しさで、そのまま突っ込んでいったら、横からトラックが――トラックが来たのはわかりましたが止まれません。「うわ！　俺、死んだ」と思った瞬間、私はトラックのタイヤに当たって宙を舞いました。

もし、当たったのがタイヤ以外の場所だったら、トラックに巻き込まれて即死だったかもしれません。外に弾き飛ばされたおかげで助かったのです。

買ったばかりのバイクは、壁に叩きつけられたプラモデルのように粉々になっていましたが、私はちょっと擦りむいたくらいでほぼ無傷でした。……なんと運のいいことでしょう。これがいちばん死んでもおかしくなかった事故でした。

20代の頃には、自分の居眠り運転で大事故寸前という状況も経験しています。ハッと目を覚ましたら目の前が急カーブで、その先は崖に――急ブレーキを掛けて事なきを得ましたが、停車したところは崖から数メートル手前の地点で、体から冷や汗が出ました。それでも、こうして生きているのですから、幸運といっても過言ではないでしょう。

「え、7回も死にかけてるんだから運が悪いじゃないの？」と言われることもありますが、それは逆です。生死を分ける場面が7回あって、その都度、生き残っているわけですから、無事に生き残る確率はかなりのものになります（もちろん反省はしています）。

斎藤一人さんも「『運がいい』と言っていたら、本当に運が良くなるよ」と言っていますが、私も「運がいい」と言っているうちにとことん良くなりました。これを「運が悪い」、「ツイてない」と捉えると、どんどん状況は悪くなったことでしょう。

言葉が先なのか、現象が先なのかわかりませんが、私は意識して極力「運がいい」という言葉を使ってきました。いままででたぶん100万回ぐらい言っています（笑）。この本でもけっこう使っていますね。

これだけ死にかけても生きているのですから、神様に生かされている意味、使命があるかもしれないと考えるようにもなってきています。

ご存じですか、運気の上昇を招く『舩喜屋』のショップカード

商売で失敗したり、人生で行き詰まったりすると、「俺はなんて運が悪いんだ」と思うのが普通かもしれません。

運のせいにしていても、人生は変わりません。失敗から学んだり、生き方を変えたりするのは自分の意志であり、人から与えられるものではありません。その瞬間は失敗に思えても、それを転機に何か変えていけばいいのですから、その出来事をどう捉えるかで人生は大きく変わってくると思います。

私の場合、最初にコンビニ経営で失敗して運が良かったのです。それで実際にいまがあるわけですから。交通事故にしたって、ひとつひとつ教訓を得ましたし、しかも五体満足で生きているのですから運がいいとしかいいようがありません。

私のように、「自分は運がいい」と何回も口にしていけば、運というものは本当に良くなるものなのです。

ある時、「日本唐揚協会」専務理事の八木宏一郎《こういちろう》さんに、「井口さん、何を聞いても『運

がいい』、『運がいい』しか言わないから、今日くらいは真面目に答えてくださいね」と言われたことがありました。たしか、経営者たちの集いの会でビジネスがどうしてうまくいったのかを話す機会だったと思います。

「運がいいのはわかったから、何か具体的にやったことを話してよ」と、八木さんにクギを刺されたのをよく覚えています。

私の周りでは、「運がいい」というのは私の口癖だとみんな認識していると思います。でも、それは本当にそう思っているからなんですけどね。

運がいいといえば、『舩喜屋』という三文字も非常に運気の上がる字画だといいます。お店を創業する時に友達が出資した分を買い取って、『げんきや』をひとりでやっていこうと決めた時、書道家の先生に選んでもらった漢字です。会話の中で私が「漫画の『ONE PIECE』が好きです」と言ったら、「この字がいいのではないか」と提案されたのが『舩喜屋』の三文字だったのです。

実際、この漢字を使って『げんきや』を再出航したら、もう奇跡の連続で――という話はこれまで述べた通りです。

「舩喜屋」と書いてあるショップカードの裏には、「このカードを財布に入れて、触ってください。運気が上がります」と書いてあるのですが、このショップカード、すぐになくなってしまいます。ウチに来てくれたお客さまたちはみんな持っていってくれるからです。そのため、ウチのお客さまの財布の中には、まるでお守りのように舩喜屋のショップカードが入っているとか、いないとか（笑）。特にクレームも来ていないので、ひょっとしたら皆さんも運気が良くなっているのかもしれません。

テレビ番組の企画で中津No.1を決めることに！

最近も、非常に運がいい出来事がありました。

2021年1月、『キスマイ宮田の激アツ！おんせん県おおいた巡り』（大分放送）というローカル番組で、『げんきや』が取り上げられました。視聴率はちょっとわかりませんが、かなりの反響があったので、九州では多くの方が見ていたのでしょう。

その中で、「からあげの聖地・中津市で禁断のNo・1決定戦」という企画がありました。中津の最高金賞の店を集めて、その中でも最高のからあげを、Kis-My-Ft2の宮田俊哉君や椿鬼奴さんなどがその場で食べて決めようというものです。

実は、番組的に「中津の中でいちばんを決める」という趣旨は、企画の提案をもらった段階では知りませんでした。しかし詳しく話を聞くと、２０２０年度の最高金賞のお店の中から決めるというではありませんか。わざわざ負う必要のないリスクかもしれませんが、一方で非常に光栄な話だと思いました。

「おいしい」、「おいしくない」という感想は、あくまで個人的な意見で時の運もある。ならばいつものように全力を尽くそう――。

結局、芸能人の方々にいちばんおいしいからあげを決めてもらうことになったのですが……ありがたいことにウチが優勝できました！

その放送直後からお客さまがどっとお店も来るわ、知り合いから連絡も来るわで、てんやわんやになりました。

やはり、私は運がいい！　こういう時に勝つなんて、持ってるんです（笑）。

他のお店もおいしい店ばかりだったので、負けるのはしょうがないとしても、決まるまでは怖かったです。

負けたらなんて言い訳しようかなと考えていただけに、ウチが選ばれた瞬間は嬉しさが爆発しました。ウチのファンの方々も嬉しかったのではないでしょうか。

正直、おいしい、おいしくないというより、味覚も人それぞれですから、好みの問題だけなんですけどね。ただ、これでまた新規のお客さまがだいぶ増えると思います。

あとで何人かに「どうせヤラセやろ（笑）？」なんて言われましたが、今回は裏から見ていましたけど、もちろんガチでしたよ。本当にドキドキしました。出演者にもおいしいと言ってもらえたので、それが新しい自信の積み重ねになっていきます。

日清のてんぷら粉やコンビニに「げんきや監修」の商品が

運がいいといえば、げんきやの名前が全国に知れ渡ったきっかけのひとつとして、『日清げんきや監修 とり天粉』の存在を忘れてはいけません。

天下の日清製粉さんとのタイアップ、プロデュースですから、九州地方のからあげ屋にしてみれば夢のようです。日清さんが家庭用に商品化しているから揚げ粉、てんぷら粉は、からあげ屋では全国で数社しかありません。その中に『げんきや』も入っているのですから、とんでもないことです。

商品化の経緯としては、日清さんがおいしいとり天を出しているお店を探していて、『げんきや』のうわさを聞きつけて連絡してくれたのです。『げんきや』は「からあげグランプリ®」で最高金賞を獲っている実績もあるし、とり天も人気メニューになっているということで、商品化の話はとんとん拍子で進みました。

最初に打ち合わせした段階では、日清さん側はとり天の作り方をまったく知らないとのことでした。本当かどうかわかりませんが、「どういうふうにしたらいいのかわからないので、とにかく全部教えてください」と、非常に謙虚なスタンスで接してくれたので驚いたものです。大企業なのに偉ぶらず、すぐに一緒にいい商品を作りたくなりました。

一般的にはとり天にもモモ肉を使うことが多いのですが、『げんきや』ではムネ肉にこだわっています。そのことを知って、日清さんもすごく喜んでくれました。ムネ肉だと安くて手軽でヘルシーにできるので、お客さまが喜ぶからです。

コンセプトを共有した上で、味については何回も何回もやりとりをしました。日清さんで味を研究している人も中津までやって来て、かなり濃密に試行錯誤を続けました。

試作中は、ウチの全スタッフで食べては、「あれがいい」「これがいい」「ちょっとウチの味と離れたみたいだから、ああしようこうしよう」と喧々諤々《けんけんがくがく》、最終的には私がゴーサインを出して商品化に至ったのです。

そのため、すごくおいしい商品が完成しました。鶏ムネ肉なのにプリッとジューシーに仕上がります。生姜が効いた味わいも好評です。

もしかしたらウチが名前を貸しただけではないかと疑っている人もいるかもしれませんが、そんなことはまったくありません。『げんきや』の名前だけではなく、『げんきや』のノウハウもしっかり反映されています。日清さんも上から目線ではなく、こちらの要望にもちゃんと応えてくれて、おいしいとり天粉ができたと思っています。

これは本当に光栄なことでした。日本全国のスーパーなどに『げんきや』の名前が入った商品が並ぶのですから、ある意味、ウチを広告宣伝してもらっているようなもの。こちらがタイアップ料を払わなくてはいけないくらいですよね（笑）。だって、スーパーに行ったら、自分のお店の名前が入った商品があるなんて嬉しいじゃないですか。ウチの子どももすごく喜びます。妻もたくさん買います（笑）。

これまで日清さんと以外にも、いろいろとタイアップ商品を作ってきました。期間限定が多いので、いま食べられるわけではありませんが、デイリーヤマザキさんやミニストップさんのからあげやお弁当、ローソンさんの『からあげクン』、ニチレイフーズさんの『げんきや監修鶏むね竜田揚げ』、そしてロッテリアさんの『鶏笑監修チキン南蛮タルタルバーガー』……スーパーの惣菜まで入れれば、もう切りがないぐらいです。

今後も素晴らしいご縁があれば嬉しいですし、私もからあげの魅力を広く発信していきたいので、「からあげの素晴らしさが広がる」と感じるタイアップであれば喜んで組んで、たくさんの人を笑顔にする商品を一緒に開発していきたいです。

忘れてはいけない「日本唐揚協会」の計り知れない功績

これまでたびたび触れてきましたが、「日本唐揚協会」による「からあげグランプリ®」の存在がからあげ界を盛り上げてきてくれたことに疑いの余地はありません。日本でいちばんおいしいから揚げ店を決める「からあげグランプリ®」は、『げんきや』を創業した09年の翌年の10年から開催されています。毎年投票総数を伸ばす中、20年第11回での投票総数は、なんと約20万票にも上りました。

毎年現れるニューフェイスのお店が全国区へと躍進する大きなきっかけとなるとともに、常連組もやすやすとはその地位を譲るつもりはなく、各店、さらにからあげを進化させてしのぎを削っています。からあげ界だけではなく、飲食業界全体の盛り上げにもおおいに一役買っています。

08年に「日本唐揚協会」を創設し、からあげブームに火を付けて、その後もからあげ業界を盛り上げていった存在として忘れてはならない人物に、「日本唐揚協会」専務理事の八木宏一郎さんがいます。「からあげグランプリ®」はもちろん、からあげを日本全国に広めるさまざまなプロジェクトを考えて、それを実行して辣腕《らつわん》を振るっています。「からあげグランプリ®」の盛り上がりだけを見ても、「この人は天才だ!」という尊敬の念を私は持っています。

八木さんと最初に出会ったのは、「からあげフェスティバル」というイベントの場でした。〝からあげの聖地〟中津で始まった年に一度のからあげ味比べ祭りで、昨今では10万人近くが訪れる超ビッグイベントとなっています。

いろいろな企業の協賛が入り、芸能人がイベントの模様を紹介する様子がテレビ放送されるなど、大きな盛り上がりを見せています。いまはスーパーのイオンさんと組んで全国のイオンさんでも開催されるようになりました。

からあげ屋にとってみれば、高校野球でたとえると甲子園みたいな場です。残念ながら、20年は新型コロナウイルス感染予防のために、甲子園同様、開催中止となりました。

『げんきや』が初めてこの「からフェス」に出場した時に、「日本唐揚協会」のやすひさてっぺい会長と八木さんが挨拶に来てくれました。

「どうも、日本唐揚協会です」と言われて、最初は正直、「そんな協会があるの?」という感じでしたけどね(笑)。

いまではすっかり八木さんとも仲良くなりました。いまの『げんきや』もそうですが、中津も含めて全国のからあげ屋は、協会のやすひささんと八木さんに足を向けて寝られません。**「日本唐揚協会」は、「おいしいからあげを日本全国に紹介したい!」という熱意だけで協会をここまで発展させて、いまではからあげを日本の食文化「KARAAGE」として世界に発信するんだと意気込んでいます。**からあげを世界に広めるという「日本唐揚協会」の理念、目標、夢に、私たちも賛同しています。

今回、急遽、「日本唐揚協会」専務理事の八木宏一郎さんと対談をすることになりました。それは特典として巻末に掲載しますので、最後まで本書をご覧ください。

『鶏笑』が自分の味を日本中に広めてくれている

私が「からあげプロデューサー」として語る上で、自分が味をプロデュースした『からあげ専門店　鶏笑』にも触れなくてはいけないでしょう。

もともと私としては、「お店が成功する、しない」はともかく、『げんきや』の店舗をそれほど増やすつもりはありませんでした。

私の目の届かないところにまで責任が広がってしまうのは本意ではありませんし、逆に店舗が少数のほうが価値が上がると考えているからです。

一方、私が味をプロデュースしている『鶏笑』の店舗数はどんどん増えています。今後ももっと増えていくことでしょう。

実は、現在『鶏笑』を運営する「株式会社ＮＩＳ」社長の名越清幸さんとは20年来の友人で、結婚式でスピーチしたほどの昵懇《じっこん》の関係です。

『鶏笑』も最初は埼玉県さいたま市浦和の1軒だけで始まりました。それが、名越社長の呼びかけで、植元裕太さんがオーナーとして独立して始めた『からあげ専門店 鶏笑 浦和本店』です。植元さんの頑張りもあって、このお店では「からあげグランプリ®」で「東日本しょうゆダレ」と「チキン南蛮」部門で最高金賞の2冠を達成しています。

『鶏笑 浦和本店』がオープンしたのは10年のこと。『鶏笑』も最初の数年間はあまり店舗数を増やすことはありませんでした。5～6年前からぽつぽつと増えてきたのをきっかけに、からあげブームの追い風に乗って『鶏笑』は急激に店舗数を増やしていったのです。

ちなみに、私は店舗拡大は『鶏笑』に任せました。『げんきや』と『鶏笑』が同じ地域に2つあったらややこしいので、このスタイルでいいと思っています。**『鶏笑』は21年初頭で店舗数200店、一方で『げんきや』は本店を含めて全国10店舗、その他のプロデュース店は全国10店舗以上となっています。**

私は少数精鋭でいきたいタイプなので、いい感じで役割分担ができているのではないでしょうか。事業が拡大しても、『げんきや』と『鶏笑』の関係は良好です。

私は全国津々浦々に『げんきや』を増やしたいとか、大阪や東京に進出したいという気持ちはまったくありません。だからこそ、**『鶏笑』などを通じて、『げんきや』の味を感じて、笑顔になってくれたらそれだけで満足です。**

現在、『げんきや』、『鶏笑』、『とりかじ』、『PIZZAアルト』など、私が味をプロデュースしている店舗数がからあげ専門店としては日本一であることは私の誇りです。これも、仲間の努力があってこそですので、本当に感謝しています。

もちろん、**その味を作っているというのは自分だというプライドもあります。**いまだに秘伝のタレのレシピは私と私の妻しか知りません。

ゆいいつ心配なのは、からあげ専門店として『鶏笑』はすでに大手として見なされていることです。関わる人が増える分、目が行き届かなくなりますから、これからより一層、気を引き締めていかないといけないでしょう。

『鶏笑』の開店前の研修に関しては、スピード感を重視して、2週間ぐらいで完了するプログラムを組んで行っています。

基本的に研修は『鶏笑』本店をはじめとして売上の良い店舗で行われていますが、九州～西日本の地区に関しては、実は『げんきや』本店でも行っています。ただし、『げんきや』での研修は最後に試験があり、それに合格しなければ研修が最大1カ月ほど延長されることもあります。今後は、『鶏笑』などプロデュース店の研修もすべて、『げんきや』の研修スタイルを採用する方向で調整しているところです。

私がからあげの味を提供した『鶏笑』は、からあげの素晴らしさを日本中に広めてくれています。自分が作ったからあげが日本中に展開されているのは嬉しいのですが、もっともっとお客さまに喜んでいただきたい――その気持ちは強く持ち続けています。

改めて中国で学んだ「郷に入らば郷に従え」の精神

かくして世界を見据えて『げんきや』が事業拡大してく中、もちろん失敗もありました。そのひとつが、前に少し触れていますが、中国は上海からの撤退です。

上海は競争が激しい土地ということもありますが、日本から進出するにあたって中国との合弁《ごうべん》会社を作らなければいけないなど、法律が日本と大きく違うのがネックでした。

何よりも、**私がいちばん大事にしている〝心〟や〝気持ち〟の感覚が共有できなかったことが、撤退の大きな理由となりました。**

私の勉強不足も原因です。例えば、上海店の隣に他業種の店が新規開店したとします。そこのアルバイトの時給のほうが、日本でいったら30円よかったとしましょう。すると、その次の日からウチで雇っていたアルバイトが平気で隣の店に移ることもありました。その人がたまたまだっただけなのかもしれませんが、良くも悪くもドライで、「お金のためではなく、人を喜ばせるため」という松下幸之助流の考えは理解されることはなかったと思います。

途中から、自分の中で「あ、これ、無理やな」と思ってしまいました。お店をオープンすると、「いける」「いけない」の感触をすぐに掴めるものですが、「これは難しいな」と感じてしまったのです。

味付けは、中国の方々の口に合うような中国向けのオリジナルレシピで、日本の『げんきや』のものとは違うものでした。お客さまは来てくれていましたから、味自体は悪くなかったと分析しています。

私も10回以上現地に出向き、2年近くは続けましたが、結局は閉店することになりました。家賃も高かったこともあり、続けていくのが困難になったからです。

しかし、これはこれで勉強になりました。国が違えば、人も違うし、文化や考え方も違います。もちろん物価も違うし、安い・高いの判断基準も違います。それなのに、日本とまったく同じようにビジネスしようと思っても、うまく行かないのは当然です。海外には海外のノウハウがあり、やはり現地を熟知しておく必要がありました。

今後、「世界進出」を目指して海外に展開していく上で、それぞれの国の文化や習慣、商売の仕組みなどを徹底的に調べた上で出店する必要があるということを学ぶことができたと、前向きに捉えています。ちょっと授業料が高かったですけどね（笑）。中国にも、いつか前向きなリベンジをしたいと考えています。

その苦い経験を学びとして、現在、立地などを再調査して、メニュー構成も再編成して、『鶏笑』として再チャレンジ・プロジェクトが進行中です。

「日本一になる！」と口に出していれば実現する

私にはもともと「何かで1番になりたい！」という願望がずっとありました。

その理由は、ラグビーを含めてですが、何をやっても、いつもいいところで負けてしまい、1番になった経験がなかったからです。そのため、「1番」に対するあこがれは非常に強いものがあります。

からあげ屋を始めた時も、もちろん1番を目指していましたけれど、中津には老舗や名店が数えきれないほどあるので、偉大な先輩たちを追い越すのは容易なことではありません。さすがに売上1位というのは畏れ多い。でも、「からあげに関することで1番になりたい」という目標は忘れてはいませんでした。

そのため、オープン当初からいるスタッフなどにも、「俺は、からあげの何かで1番になるから！」とずっと言っていたのです。最初はスタッフも家族もキョトンとしていて、「また社長のホラが出た」みたいな感じでした。

でも、夢や希望は、言葉や文字にすることで現実に近づくと私は信じています。そのため、**「からあげで日本一になる！」と書いた紙を自分の部屋の壁に貼りました。**どうせ目標を掲げるのだったら、大きいほうがいいですから。

夢が「叶う」という字は「口に十」と書きますよね。そのため、私の中では「口から十回言葉にして言えば現実になる」という意味だと思っています。

いくら周りから「デカいことばっかり言って、何だコイツ」と思われたとしても、言い続けていたら現実になると信じているので、夢は必ず口にするようにしています。

そうしたら、その夢がだんだん形となってきて、「からあげグランプリ®」で最高金賞を獲ったり、プロデュース店舗数日本一となったりと、現実となっています。家族や昔からのスタッフはみんな驚いています。本当は「味で1番！」というのが嬉しいことに間違いありませんが、味覚は人それぞれ、それを決めるのはほぼ不可能です。そのため、数字で表すことしかできません。「からあげ日本一」というのは具体的にどういうことを指すのか明確ではありませんが、現時点では味をプロデュースした専門店の店舗数ではそれを達成することができました。

やっぱり口に出して言わないと、運もやってこないものです。最初から「日本一？　無理、無理」と思うような自分だったら、何も夢は叶っていなかったでしょう。今後はやはり「味でも日本一になるんだ」と決意を新たにしています。

次に目指すは、「からあげ世界一！」

「からあげで日本一になる！」と誓ってから具体的にやったことといえば、これまでにも何度か触れていますが、百貨店の催事を重視したということがあります。中津でも後発で素人のお店でしたので、ちょっとでも知名度を上げようと思い、全国各地の百貨店回りを私自身でやっていました。

百貨店の現場では、ふだん店舗で揚げる10倍くらいのからあげを揚げることがあります。毎日毎日、1日に数百kgを揚げる催事をやっているうちに、腰を痛めてしまいましたが、いまでは信頼できるスタッフに任せているのは先に述べた通りです。

結果的に、オープンから最初の3年ぐらいは全国を駆け回り、中津にはほとんどいないどころか、家にすら帰れない時期もずいぶんありました。

中津の先輩たちからも、「おまえ、なんでそんな催事や出張ばっかり行くの?」と不思議がられましたが、自分自身は無名だということに危機感を感じていましたし、ぽっと出の店だからこそ、私自身が人の何倍も努力しないといけないと思っていました。

「何かを得る時には人の何倍も努力しなければいけない」というのが私の信条です。人と努力が同じだったら、横並びのまま終わってしまいます。やはり、人が寝ていたり休んでいたりしている時にどれだけ動けるかだと思っているので、体が悲鳴を上げるまで、催事にはとことん出店したのです。

「からあげで日本一」という目標を、からあげの素人がぶち上げるのは、はたから見たら無謀なことだったかもしれませんが、私としては本気も本気、何ならいまは「世界一」になりたいですから。

「からあげで世界進出!」「からあげ世界一!!」——これも本気で思っています。

何をもって世界一とするのか、これまた明確ではありませんが、実際にいま、海外の案件はいくつか動いています。どうか覚えておいてください。

金メダルを狙う人間しか金メダルは獲れない

私が「日本一」「世界一」という言葉を口にしたり紙に書いたりするのは、何も自分にプレッシャーを掛けたり、自分を追い詰めたりするためではありません。

難しい話をすると「潜在意識に訴えかける」ということになるのですが、毎日紙に書いた目標を目にしていたらメラメラと燃えてやる気が出てきますし、そのうちに「不可能なことじゃないよな」と思えてくるから不思議です。

いまは自分の部屋の壁に貼っています、「からあげ世界一！」と書いて。以前、「からあげ日本一！」と書いてあったものを貼り替えたのです。

ただ、何をもって「世界一」なのかはまだ見えていないのが正直なところです。「世界一おいしい」でもいいのですが、先ほども述べたように味覚はひとそれぞれですから味での評価は難しい。**しかし、目標を掲げないと始まりません。目標も持たずに世界一になったり、世界記録を出すことなんてあり得ないことです。**

偶然に〝叶う〟ような記録は、偉大な記録にはならないと思います。やはり金メダルを狙った人間が金メダルを獲りますし、「予選通過で満足です」という人が金メダルを手にするケースは稀です（もちろんその快挙には敬意を持っています）。

とにかく、まずは口にすること、狙うことが重要。あとは、自分の限界まで努力すること。できることは何でもやるつもりです。

もちろん、そこに到達するには自分ひとりではできません。人の力、仲間の力が非常に必要となるので、人との繋がりや人間関係はとても大事にしています。

いずれにしろ、自分がいま、世界を目指せる位置にいるということは、すごく幸せなことだと思います。この歳になって世界を目指せる話なんてなかなかありませんから。

普通であれば、目指したくても目指せないものです。もちろん、それが実現するかどうかは誰にもわかりません。しかし、それを目指さないと何も始まらないし、きっと手に入ることはないでしょう。

「世界一なんて、また大きなホラを吹いて」

そう思われるかもしれませんが、目指したところで誰にも迷惑が掛からないし、それは私の勝手ですから。ある種の開き直りですね（笑）。

プロ野球の安打数で世界一になったイチローさんだって、日本人野手として初めて海を渡った時は、「MLBでは通用しないのではないか」と言われていたくらいです。それが「世界のイチロー」になり、近い将来、「殿堂入り間違いなし」というポジションにいるわけですから、夢を持って挑戦していくというのは非常に大事なことだと思います。

損得勘定での付き合いなら、困った時に助けてもらえない

「チャンスはいつ誰に来るのかわからない」——私はそう考えています。自分の後輩だったり、自分の部下だった人間が他のビジネスで成功したりすることも、長い人生では珍しくはないことです。

もし、後輩や部下だという理由だけで、上から目線で付き合っていたらどうでしょう。後輩からしたら、社会的地位でも年収でもすでに追い越したはずの先輩が、年上という理由だけで上から偉そうにいろいろいってくるのは気持ちのいいものではないでしょう。

そう思われないのは簡単です。**後輩だからといって上から見たり、昔の部下だからといってやたらと偉そうにしたりするのを、最初からやらなければいいだけです。**

これもラグビーで学んだことですが、グラウンド内では先輩も後輩もありません。また、

身体的接触を伴う激しいスポーツだからこそ、敵も味方も「リスペクト」（尊敬し、敬意を表すこと）する精神、文化が根付いています。誰とでもひとりの人間として公平に付き合う——私はそれをずっと心掛けてきました。

特に私が嫌だなと思うのは、損得勘定で人と付き合うこと。相手と人間として平等に付き合うのではなく、相手の社会的地位や名声を見て付き合う人も世の中にはけっこういるものです。

私はそうはなりたくありません。そのため、「日本唐揚協会」専務理事の八木さん、『もり山』の森山さん、『鳥しん』の角さんといった尊敬できる人にもお付き合いいただきますが、昔からの友達や仲間、後輩、バイトの子たちとも同じように付き合っています。

そもそも、どんな人だってどんなチャンスが巡ってきて大化けするのかわかりません。人の立場というのは、一日で大きく変わることがよくあります。私はそれを何回も見てきています。ついこの間まで「お金がない」と嘆いていた経営者が、ビジネスが急に当たって一気にお金持ちになることもありました。

相手の立場が変わったら、急に相手にされなくなるなんて寂しいじゃないですか。でもそうなったとしたら、**相手によって態度を変えてきた自分に非があるはずです**。

やはりどんな時でも、どんな相手でも、公平に付き合うのがいちばんいいと思います。家族や、よっぽどの友人ではない限り、「苦楽を共にする」までしなくてもいいですが、「楽」の時は付き合って、「苦」の時は見放すような態度で人と接していると、それはいつか自分に跳ね返ってくることでしょう。

損得勘定抜きで人とお付き合いしていれば、何か自分が困った事態に陥った時、救いの手を差し伸べてくれる可能性だってあるかもしれません。

そうした信念もあって、ウチの会社を辞める社員やパートさんにも、将来また助けてもらう可能性も、友人として付き合っていくこともあるので、極力きれいな辞め方をしてもらうというか、気持ち良く辞めてもらうように、できる範囲で努力しています。辞めたくなくても辞めざるを得ない人もいましたし、いつかまた働いてくれるかもしれません。

それでも、縁が切れてしまった人もいますが、切れなかった人がいまの私の財産となっています。縁が切れたことも貴重な反省材料です。

あらためて思い返すと、『鶏笑』にしてもそうですし、他のプロデュース店のオーナーたちにしてもそうだし、ほとんどが20代で知り合った仲間たちです。いま海外進出の話を進めているのも、私が20代で知り合った仲間です。

もし、私がウソをついていたり適当にやっているような人間であれば、再会して一緒にビジネスをやろうとは思ってくれなかったはずです。

もちろん、私にも浮き沈みはありました。でも、それを含めて私の20年を見てくれた仲間たちは、「コイツだけはダマしたりはしない。適当なことをしない」と思ってくれているのではないかと思っています。**『げんきや』のからあげには、そんな歴史が秘伝のタレとともに詰まっているのです。**

アツアツからあげ対談！

「日本唐揚協会」専務理事&
カラアゲニスト

八木宏一郎

×

『げんきや』オーナー
&からあげプロデューサー

井口泰宏

日本のからあげを世界の「KARAAGE」に！

「日本唐揚協会」とは……唐揚げが一番好きで唐揚げを食べると幸せになれる人たちによって組織された団体。唐揚げを通じて世界平和を目指している。「からあげグランプリ®」の開催、カラアゲニストを世に送り出す「唐揚検定」の実施など、最終的には世界唐揚げのマップ作成を目標として鋭意、活動している。
公式HP：https://karaage.ne.jp

共にからあげ界に「革命」を起こそう！

日本が誇るからあげ文化を世界へ――
からあげの魅力を発信し続ける
「日本唐揚協会」の専務理事にして
〝カラアゲニスト〟の八木宏一郎氏と、
からあげ専門店プロデュース
店舗数日本一にして
〝からあげプロデューサー〟
井口泰宏の対談が実現。
からあげの素晴らしさと、
そのポテンシャルについて
アツアツに語り尽くします。

 執筆：中野克哉 撮影：芹澤裕介

ふたりの出会いは中津で行われた「からフェス」

井口　本書でも「日本唐揚協会」の八木さんのお名前は何度も出てくるのですが、日本でいちばん「からあげ」に詳しいであろう八木さんに、からあげについていろいろとお聞きしたいと思います。たしか、八木さんとは中津市で開催された「からあげフェスティバル」で初めてお会いしましたよね。

八木　2010年9月に開催された第3回の大会でした。

井口　そうそう。中津市のイオンモール三光《さんこう》のイベント会場に設営したテントに八木さんと「日本唐揚協会」のやすひさてっぺい会長が一緒に入ってきた姿を覚えていますよ。ちょうど私が『げんきや』を始めて1年後くらいです。

八木　時系列で整理すると、僕が「日本唐揚協会」を立ち上げたのが2008年で、同じ年にからあげフェスティバル、いわゆる「からフェス」（第1回開催時は「から揚げフェスタ」の名称）が行われています。翌2009年、『もり山』さんなどが東京に進出した年に『げんきや』さんがオープンして、「中津耶馬渓《やばけい》観光協会」もできました。

井口　そうなんですね。私たちが出会ったからフェスが、いまでもいちばん大きいからあげのイベントですよね？

八木　はい。「からあげ供給量」のギネス世界記録を2回も取っていますから、名実ともに世界最大のからあげイベントです。2019年の第12回からフェスで揚げた1667・301kgが世界記録となっています。

井口　八木さんと中津とのつながりは、第3回の時が初めてなんですか？

八木　そうですね。東京に進出した『もり山』さんなどが話題になったことから、中津市や宇佐市、そしてからあげ専門店をテレビ取材などで紹介するということを、「中津耶馬渓観光協会」の初代事務局長の方と連携をしながらやっていました。それで、からフェスに招待されて、中津に遊びに行ったんです。だから、最初の時はまだ『げんきや』さんを知りませんでした。食べたことのないお店のひとつで。

井口　それは、ある意味で良かったです。まだ「げんきやの味」が完成する前ですから。その時のからあげを食べていたら、八木さんに何を言われていたかわかりません（笑）。

八木　いやいや、当時は「日本唐揚協会」も知名度が全然なくて、中津の老舗に電話しても店主に取り次いでもらえず、乱暴に電話を切られることが何度もあったくらいですから。そういう意味では、中津のからフェスに行ったおかげで、井口さんはもちろんのこと、からあげ専門店の人たちといろいろコンタクトを取れるようになったので良かったです。

からあげのターニング・ポイントとなった2010年

井口　「日本唐揚協会」の名前が一気に有名になったのが「からあげグランプリ®」でした。

八木　最初のグランプリの開催は10年7月なんですよ。

井口　『げんきや』はまだオープンして1年が経過したばかりで、その大会には出ていません。私たちの参加は2回目大会からです。その時は『鶏笑』で金賞をいただいて、『げんきや』としては実質3回目、12年大会からなんですよ。

八木　ちょうど10年の第1回目の「からあげグランプリ®」くらいから「からあげブーム」だと言われ始めて、前から専門店をやられていた人たちがテレビなどメディアにいっぱい出られて、どんどん有名になっていくのを目の当たりにした時期でした。そして、翌11年が完全にブレークの年。東日本大震災の後、大分のからあげ専門店がドッと広がり始めて、勢いがすごかった。まさにこれがブームの第一波でしたね。

井口　たしかにあの勢いはすごかった。ウチなんかまだ味が安定していなくて、経営も大変でしたが、ブームの恩恵にあずかったところが大きかったです。

八木　09年に中津の『もり山』と宇佐の『とりあん』、この2店が東京に進出したのが大き

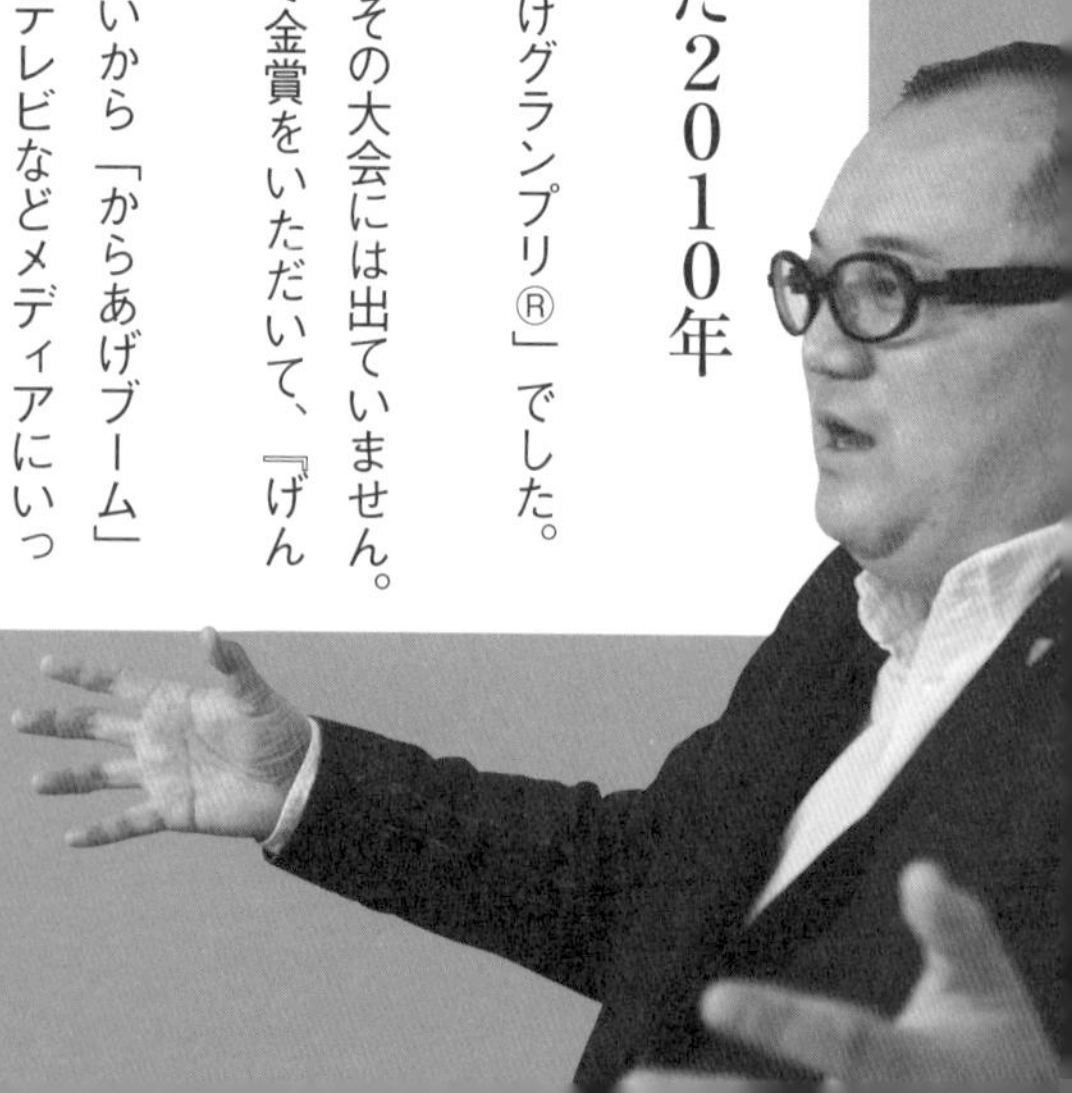

な転機となりました。そして震災の年の11年、ローソンさんが5月に宇佐市、6月に中津市と『からあげクン』のタイアップを全国版でやったことが、大きな決め手となったと思います。11年に始まったコンビニ・タイアップが、中津ブランド、宇佐ブランドを全国区にしたといっても過言ではないでしょう。デイリーヤマザキさんも中津の店主たちとタイアップして商品化しましたよね。

井口　そうそう、『げんきや』も商品化してもらいました。ウチだけではなく、『鳥しん』さんと『チキンハウス』さんも。

八木　そう考えると、11年が〝コンビニ・タイアップ元年〟的な年で、その中でも『げんきや』さんが選ばれているということは、その時はもう知名度が上がっていたわけですよ。ただ、中津からあげのいちばんのターニング・ポイントとなったのはやっぱり10年。「大分の専門店が面白い、おいしい、すごい」というのが全国に広がった1年でしたから。その辺からちょっと見られ方が変わりましたよね。

井口　そうですね。それで、「聖地中津からあげの会」ができたんですよ。

現在「第2次からあげブーム」から「からあげ戦国時代」に

八木　からあげの歴史を振り返ると、初めて外食でからあげが定着した昭和40（1965）年前後に第1次ブームがありました。冷蔵車が走れるようになって、飲食店も冷蔵庫、冷凍庫をやっと置けるようになって物流の革命が起こったんです。

井口　足の早い鶏肉なども扱いやすくなったのがきっかけだったんですね。

八木　はい。いまは09年の『もり山』さんたちの東京進出から始まった第2次からあげブームが続いています。それが第一波だとしたら、13年にサントリーのハイボールとからあげを絡めた「ハイカラ」が第二波。そこからバルスタイル、要は酒場スタイルというのが出始めました。いまは19年から始まっているスーパーの惣菜の進化に注目です。テイクアウトの市場にスーパーがちゃんと考えておいしい商品を出してきたのが第三波となっています。

井口　その間、大資本チェーンの店舗も増えてきました。

八木　『からやま』（14年〜）や『から好し』（17年〜）などが19年ぐらいからどんどん店舗数を増やしていって、まさに20年のコロナ禍による巣ごもり需要の拡大に合致しました。

ワタミさんとテリー伊藤さんが共同開発した『から揚げの天才』（18年～）など、まさに「からあげ戦国時代」に突入しました。

井口　いや～、それは感じますね。全体のマーケットが大きくなっていくのはいいことですけど、個店個店の戦いはやっぱり大変。気を抜けません。お客さまのレベルも上がっていきますから、適当なことをやっていたらお客さまは離れていきますので、ウチとしては、生き残れるように日々ちゃんと丁寧に積み重ねていくだけです。

八木　「丁寧」ということでいうと、最近急激に増えている店の中には、居酒屋のマニュアルで、外側（衣）に味付けをするタイプのお店もあります。からあげの本質というのは、「具となる鶏の臭みを取ってジューシーにする」という調理の大前提があるんですけど、それをやっていないんです。わかる人にはわかると思いますよ。

井口　中津からあげは、国産鶏肉をタレに漬け込んで味を付けて揚げています。

八木　その場でちゃっちゃと味付けして揚げるところとはレベルが違うのは当然です。ただ、やっぱり揚げたてのアツアツであれば、冷解凍した外国産の鶏肉でもそこそこおいしく食べられます。ただ、冷めた時に歴然とした差が出るんですね。

井口　本当にその通りだと思います。

八木　外国産がダメなわけでも、大手がダメなわけでもありませんので、いろいろ食べ比べてほしいですね。いろいろな違いに気が付けば、それはそれで楽しいと思います。

24時間、18通りの食べ方ができるのがからあげ!

井口　八木さんの考える「からあげの魅力」って、どんなところにありますか?

八木　もともと、からあげのすごいところは、メインのおかず、メインのつまみになりうるだけではなく、カバー領域がすごく広いんです。おかず、つまみ、おやつ、夜食……24時間全部いける（笑）。買い置きもできるし、次の日のお弁当に入れることもできます。

井口　24時間（笑）。でも、その通りですね。

八木　しかも、からあげというのは、外食、中食、内食という「食の3領域」の全部に存在しています。外食であればレストランや定食屋、居酒屋もそうだし、中食であればスーパーやコンビニの惣菜、お弁当屋さんもそうだし、テイクアウトの専門店もそこに入ります。家で揚げて食べれば内食です。からあげを買えるエリアも、繁華街ばかりではなく、中津のように住宅地、生活圏に密着したところにも存在します。つまり、「おかず、つまみ、おやつ（夜食を含む）」の3つと「外食、中食、内食」の3つ、それに繁華街型と生活圏密着型という2つの食べるエリアがあるということは……3×3×2で18通りのからあげがそもそも存在するわけですよ。

井口　すごい分析ですね！

八木　それを全部カバーできる食べ物って、実はほかにあまりないんですよ。コロッケやハンバーグ、餃子、フライドポテトなどは多少近いですが、やっぱりコンビニのレジ横には置かれることがなかったり、テイクアウトがなかったりします。カバー率でいえば、からあげが絶対、断トツで1位です。

井口　そんなふうに考えたことはなかったですね。まだまだビジネスチャンスがいっぱいあるように思えてきました（笑）。

からあげは定番、王道すぎてローカル色を知られていなかった

井口　それにしても、「からあげグランプリⓇ」のアイデアはすごいですよね。あれを仕切っている八木さんって、ただ者じゃありません。

八木　ありがとうございます。自分でいうのも何ですが、全国大会の主催者ですから（笑）。

井口　コンビニのタイアップも八木さんがいなくてはできなかったことです。真似ができな

い発想ですし、どこまで先の先を見てるんだろうと予測がつきません。

八木　ちょうどB級ご当地グルメの祭典「B-1グランプリ」の盛り上がりの流れがあって、全国的に「田舎のご当地グルメが面白い」というブームが広がっていった時と、からあげブームが始まるのが重なるんですよね。

井口　ちょっとググって調べると……「B-1グランプリ」が始まったのが2006年。出店数、来場者数が一気に増えたのがちょうど10年の大会くらいのようです。

八木　地域活性化や、地方創生的な動きのひとつとして、地域住民や国民の応援が、ご当地グルメにスポットを当てるような流れが10年ぐらいからあったのかもしれません。「日本唐揚協会」としては、東京・渋谷に事務局を構えて、地方に住んでいては見えてこないこと、発想できないこと、つまり東京だからできる全国区の大会やイベント、キャンペーンというのを手掛けてきました。僕自身は、あくまでただのからあげ好きであって、飲食店をやっているわけではないので、からあげが大好きな「カラアゲニスト」を代表して、「こんなイベント、あったらいいな～」っていう思いでずっとやってきました。

井口　いやいや、すごいですよ。すごすぎます。その熱意はどこから生まれたんですか？

八木　結局、「ご当地グルメ」って、「ご当地から出られなかったグルメ」なんですよ。

井口　え？　あ、そうか。全国に広まらなかったから、そこの地域独自のグルメとして発展したという意味ですか。

八木　そうそう。だから、例えば「八戸せんべい汁」などは地方から出て来られなかったから「B‐1」としては成立するんです。だけど、「からあげ」はそうではありません。定番グルメで、国民食の地位をすでに築いていたから、逆にローカル色や特別感を失っていた。ただ、実際に中津や宇佐に代表されるように、地方色の強い、ご当地グルメ的なからあげは全国にあるわけです。しかも、食べるとおいしいですから、どんどん出て来てほしいわけですよ。それを伝えたいという思いがずっと僕のモチベーションになっています。

テイクアウトのからあげ専門店が成り立つ大分県北が特殊

井口　私たち大分県民にしてみれば、専門店で鶏のからあげを買うのは、子どもの頃から当たり前にやってきたことでした。

八木　大分県北のテイクアウト専門というお店の形態がけっこう面白いんですよ。からあげ専門店というのは、北海道にも新潟にも東京にもあります。でも、基本は居酒屋などでのお酒のつまみだったり、あるいは定食だったりと、イートインする前提の飲食店がほとんどです。それなのに、大分の県北はテイクアウトで成り立っているというのがおかしいんですよ（笑）。そもそも、大分から始まった業態ですからね。

井口　おかしいですか（笑）。

八木　いい意味でおかしいんです。普通だったら揚げ置きして売るところを、「注文が入ってから揚げる」ことにこだわっていたり、骨付きのぶつ切りが当たり前のように売られていたり。こだわりがすごい。だから、からあげといえども、ちょっと他のエリアとは違うし、テイクアウトに特化しているというのは特殊な文化だと思いますね。

井口　大分県内で生活していると、そのおかしさに気が付くことはないかもしれません。

八木　全国的に見れば、オーダーが入ってから揚げるというようなやり方って、実はお弁当屋さんにはけっこうあるんですよ。だから、井口さんの着眼点としてすごいと思ったのが、からあげ専門店でありながら、お弁当を扱ったということ。革命的ですよ、これ。たぶん、開店当初から売上比率でいうとお弁当も多かったんじゃないですか?

井口　3割、4割ぐらいですかね。他の店はやってないんですから、お弁当。

八木　中津ではお米に関わっていない専門店の人たちが多かったんです。そこに『げんきや』ができて本店のメニュー構成を見た時に、からあげのサイドメニューとしての立ち位置や、テイクアウトの本質というのを「あ、この人はわかってるんだ」と思いましたね。中津の特殊性を薄めて、日本全国でも通用する感覚がありました。

井口　『げんきや』がオープンした最初の頃は、周りには「珍しいね」と言われたんですが、からあげ専門店の型に捉われないように心掛けてきました。

八木　それが、まさに「革命」たるゆえんですよ。僕は『げんきや』がからあげ業界にいくつかの革命をもたらしたと思っていて、1つ目がそこですよ。からあげ専門店、テイクアウト専門の聖地・中津でからあげ弁当をメインに売り出したのがすごいんです。井口さんは「からあげ界の革命児」だといってもいいでしょうね。からあげ弁当の見せ方が、いい意味でお弁当屋さん的です。よくよく考えれば、ご飯のおかずに皆さん買っていくわけですから、お米もあったほうが買いやすいのは当然ですよね。中津エリアだけで商売するならご飯はいらなかったかもしれないですけど、その後の展開を考えると、最初からお弁当をちゃんとやっていたというのが、店舗が増えた要因だと思います。たぶんビジネスモデルとしても大きな革命だったはずです。

井口　ありがとうございます。ただ、全国的に通用するビジネスモデルを構築しようなんて思っていたわけではなくて、からあげだけでは中津の先輩たちには太刀打ちできない、勝負にならないと思ってたのが大きな理由です（笑）。中津はやっぱりからあげの聖地なので、なかなかお弁当やチキン南蛮、とり天を扱うのはできないんですよね。からあげと天ぷらを一緒に……なんてあり得ないんですけど、私はあってもいいんじゃないかなって思って。逆に、誰もやっていなかったから、そこに勝機はあったんですけど。

からあげはもちろん、チキン南蛮もとり天もご飯に合う！

八木　『げんきや』が何度も「からあげグランプリ®」で金賞を獲得して、2度も最高金賞を獲ったのは、何もからあげ業界に革命を起こしたからではありません。からあげファンやカラアゲニストが食べておいしいと思ったから投票しているわけで、おいしくないと誰も投票しません。「からあげグランプリ®」の投票に、ビジネスモデルなんて関係ないですから。

井口　ありがたいことです。初めて最高金賞を獲った時は、本当に泣きましたからね。大人になってから泣くぐらい嬉しいこととか、なかなかないじゃないですか。学生時代にラグビーの試合で勝って泣いた以来じゃないかな。人生でマックスの嬉しさでした。

八木　でも、井口さんだけじゃないですから、最高金賞を獲って泣く方は。からあげ屋さんの励みになっていると思うと、非常に光栄です。

井口　最高金賞はなかなか獲れなくて、自分には縁がないのかなと思っていたくらいです。中津のいつも遊んでもらっている先輩たち、『もり山』さんや『鳥しん』さん、『ぶんごや』さんが最高金賞を獲っていく中で、やっぱり「自分も最高金賞が欲しいな」という欲が出てきました。でも、こっちがそう思っても、獲れるものではないですからね。

八木　僕自身、鶏のからあげで好きなパーツがいくつかあるんですけど、『げんきや』はモモ肉、ムネ肉という部位ごとにちゃんと工夫されている時点で、全国的に見てもレベルが相当高いんですよ。

井口　ありがとうございます。こだわってますからね。

八木　部位ごとに仕込み方にこだわって全部変えているところとかは凄まじくて、『げんきや』のからあげが中津ブランドの最高峰であることには異論はありません。でも、僕がいちばん感動したのはチキン南蛮ととり天。もちろん、からあげもおいしいのは前提ですけど、お弁当を主力にしていることもあってか、お米をどう食べさせるかというのをすごく考えておられるなと感心しました。からあげ自体はお米にもお酒にも合いますが、げんきやさんの基本的な狙いとしては、お米を食べさせたい、おいしくご飯を食べさせたいというコンセプトだろうと思います。僕なんかは、チキン南蛮はご飯と別々に食べるのではなく、もうドンとご飯の上に乗っけて食べたい（笑）。とり天も、天ぷらではありますけれども、お米をどう進ませるかというのを研究されているんだろうなというのを感じます。

井口　そこまで深くは分析してくださってありがとうございます。でも、それは私がからあげ界のことを知らなかったからできたと思うんですよ。もし親がやっていたとか、親戚にからあげ屋がいたとかだったら、お弁当だとかとり天はやれてないと思います、中津で。当時、そんな発想は出てきませんよね。

八木　業界の掟を知らなかったからできたというのも、ある意味で「革命」といってもいいでしょうね。

井口　そう言ってもらえると助かります（笑）。

「からあげグランプリ®」に受賞部門が多いワケ

井口　「からあげグランプリ®」では、「素揚げ・半身揚げ」「しょうゆダレ」「手羽先」などなど、多くの部門を作っていますね。

八木　現在は、日本でいちばんおいしいからあげ店を決める一般の部が11部門と、スーパー総菜部門の大きくふたつに分かれています。

井口　受賞のチャンスが増えて嬉しいことですが、部門を増やしていく意図は何ですか?

八木　井口さんは当然ご存じだと思いますが、今日の時点においてさえ、「食べログ」「ぐるなび」といったグルメ情報サイトには「からあげ」というカテゴリーがありません。もちろん、フリーワード検索すれば出てきますよ。ただ、「カレー」とか「中華」、「イタリアン」といった並びに「からあげ」というジャンルはありません。

井口　「和食」に含まれるのかな。何でですかね?

八木　しょせん、サイドメニュー扱いなんですよ。

井口　現状ではまだ1ジャンルとして成立していないと?

八木　そうなんです。ただし、日本中にはからあげがとてもおいしい居酒屋さん、定食屋さんが本当はいっぱいあるわけです。本当はからあげが看板メニューなのに、からあげ店とは見なされてないというのが、今日の時点での食の世界の常識なんです。そのため、僕としては日本中のそういった飲食店——からあげがウリなのに、からあげで評価されてない飲食店を多く知ってもらう機会を作りたくて、いろんな部門を設置したわけです。

井口　それは、まさに「日本唐揚協会」の使命というか、存在理由でもありますよね。

八木　その通りです。だから、北海道から沖縄まで、隠れたからあげの名店をちゃんと知ってもらえるような場が、この全国大会だと思っています。

井口　スーパー総菜部門は19年から始まりましたよね。

八木　からあげブームの第三波の流れです。スーパーのほうは試食審査会があって、衣や肉汁、味はもちろん、担当者のからあげに懸ける熱意などを評価して、金賞、最高金賞を決めていきます。審査員長は僕です。20年は130社ものエントリーがありました。一方、『げんきや』が対象となる一般の部は、純粋なファン投票です。おいしいのはもちろん、常連さんがいて、「この店を応援しよう!」というファンがいないと勝てません。協会や事務局としての審査というのは、ブラック企業じゃないなどを確認する書類選考だけです。それに、「カラアゲニスト」による情報も大いに役立っています。

「カラアゲニスト」の評価でお店の明暗が分かれる

井口　八木さん自身が「からあげが大好きなカラアゲニスト」だとおっしゃってましたね。

八木　はい。からあげが好きなだけだったら「自称カラアゲニスト」で構いませんが、「日本唐揚協会」のウェブサイトの検定試験に合格すると、すぐに「認定カラアゲニスト」になれます。もちろん、試験は無料です。国家試験でも何でもありませんが、より熱烈なからあげファンであることの証明にはなりますね。

井口　でも、問題はまあまあ難しいですよ。

八木　ちょっと引っかけっぽい問題もありますからね。現在、「認定カラアゲニスト」は全国に17万人以上。彼らから「あそこ、『国産』って謳ってるけど、海外産の鶏肉を使ってる」などと、おかしな情報はすぐに寄せられます。もちろん、それが100％正しいわけではないので、寄せられた情報はうのみにせず、ちゃんと確認はします。

井口　彼ら次第で、お店の評価はかなり変わるでしょうね。

八木　変わります。「からあげグランプリ®」においては、一般のメールによる投票は1ポイントですが、カラアゲニストの投票は5ポイントに加算されますから。

井口　カラアゲニストは、ある意味、覆面調査員ですもんね。店側としては本当に気が抜けません。最高金賞を獲ったからには、絶対に下手なことはできないですし。責任というか、からあげファンからの信頼は裏切れませんし、裏切りたくないですね。

八木　カラアゲニストはすごいですよ。全国のグランプリ店を食べ回ってますから。大分、中津も観光客がいっぱいですけど、その中にカラアゲニストがいます。

井口　来る来る（笑）。他府県ナンバーの車、めちゃいっぱい来ますから。グランプリで最高金賞をいただいてから、遠くから来る方も増えました。何よりも写真を撮るお客さまが増えましたね。「からあげグランプリ®」受賞の盾と賞状を全部ケースに入れてお店に飾ってあるんですけど、撮っていきますもん。その姿は私が見ていても気持ちがいいですね。

八木　実際、「からあげグランプリ®」の金賞か金賞じゃないかで、売上は2〜3倍違うと思います。例えば、野外イベントを行ったら、金賞があるかないかで天国と地獄、金賞のお店は無双状態になりますから。イベントによっては、グランプリ店にしか行列ができないことだってよくありますよ。

井口　どうせ食べるなら、金賞のお店でと思うのが人間心理かもしれません。

八木　いいか悪いかはわかりませんが、第三者評価が欲しい時代なんでしょうね。権威だったり、影響力のある人からのオススメだったり、あるいは全国大会での賞、アワードがあるかないかで、そのお店の繁盛に直結するようになっています。テレビもインフルエンサーも一般の人も、タイトルを持ってるお店から順番に行くという傾向が日本人にはありますよね。特にここ数年はずっとそうです。

井口　八木さん、そういうことも計算していたんですか？

八木　いいえ、してなかったですよ。本当に単純に、「からあげのおいしいお店がもっと目立つようにしたい」というだけだったんで。ここまでになるとは自分でも驚きです。

おいしければいいわけではない。適正価格かどうかも重要

井口　協会が「うまい！唐揚評価ポイント」として、「〈安くて美味い〉が最高！」と値段も重要視しているのは、ウチのように低価格で頑張っている店の励みになります。

八木　「安い」というのは、適正価格かどうかなんですよ。例えば100gの相場観というのがあって、大分の中津だったら250円前後、都会だと300円前後、そして百貨店の催事とかだと400円前後が一般的です。

井口　だいたいそうですよね。

八木　スーパーはいま200円前後、150円から250円の間という感じ。では、何をもって適正とするかというと、例えば国産と外国産の原価の違いや使用される部位の違いなど、知識や情報がないと判断できません。からあげ好きであるならば、やっぱりそこも見るべきポイントとして鍛えてくださいという指標なんです。だって、「高くておいしい」なら当然じゃないですか。でも、いくらおいしくても100g1000

円だったら、それは日常的なからあげではありません。そもそも、「おいしい」という味の評価というのは個人差があるので、値段という客観的な指標の中で比べられるとわかりやすいですよね。

井口　ウチの場合、安くする努力というより、〝値段を変えない〟ように頑張っています。実は、鶏肉って仕入れ値が毎日変動するんですね。いまでも恐ろしいぐらい高くなってしまう時もあるんです。鳥インフルエンザなんかが出ると価格がガーッと上がっていきますから。だけど、店での値段は変えません。そういう意味では、からあげ屋もけっこうリスクを背負っているんですよ。そのあたりはお客さまにわかっていただけたら嬉しいですね、からあげ屋の真心というか頑張りを。

八木　そうですよね。ただ、たまに相場観から大きくズレているお店も出てきます。大盛り系とかメガ盛り系とかですね。それをウリとして、外国から安い鶏肉を仕入れてやってらっしゃるんだけど、別にそれがいい悪いではなく、お店の立地や客層で、どういう商品を作るかということのほうが大切。見るべきポイントを「安くてうまい」とするだけで、いろいろな見方ができて面白くないですかという、協会からの提案でもあるわけです。

海外産が悪いのではなく、冷解凍の繰り返しがうま味をなくす

八木　海外産の鶏肉は値段が安いのがいいところですが、遠くから輸送してくるので冷凍しなくてはなりません。僕などは、何回冷凍した肉かもわかります。基本的にはノーフローズンがベスト。中津からあげはだいたいそうです。1回も凍らせていません。

井口　やっぱり生がいちばんおいしいです。毎日生で仕入れしているのはそのためです。

八木　そうですよね。例えば、大手居酒屋さんのからあげの場合、タイとかブラジルから1回凍らせた鶏肉が船で来ますよね。これがどこかの加工場で解凍されて、タレに漬け込んで、運ぶ時にもう1回凍らせます。この2フローズンは何を意味するかというと、解凍のたびにうま味がドリップとして出た分、調味料や添加物で補わないといけないということ。そのため、『げんきや』などがやってない余計な作業をたくさんしないと、居酒屋で安いからあげを出せないんです。もちろん、「安ければいい」という消費者のニーズもあるので、それが一概に悪いとはいえません。ただ、産地うんぬんというより、冷凍、解凍の数が少なければ少ないほど、おいしいからあげが提供されるのは間違いありません。

井口　ちなみに、中津のからあげ専門店であれば、どこでもノンフローズンです。

八木　いえ、どこでもとおっしゃいますけど、いま勢いのある某大手チェーン店は、基本的に海外産のお肉なんで、絶対に1フローズンです。

井口　でも、2フローズンではないんですね。

八木　中にはあると思いますよ。例えば、とあるお弁当チェーンでは1フローズンで頑張っていたんですけど、現場で衣を付けて揚げるのが面倒だということで、お店のリニューアルを機に2フローズンに変えたんです。加工場で粉付きの状態でもう一度凍らせて、お店でそれを揚げるようになったんですが、味が落ちたのがお客さんにも伝わって、売上がガクンと落ちました。僕としては「からあげをナメんな！」と言いたいですね。

井口　それまで食べていたお客さまには、その変化がわかったんでしょうね。

八木　ええ。ただ、おいしい、まずいは本当に主観なので、専門店ではなく、コンビニのからあげが史上最強だという人だっていっぱいいます。それはそれでいいと思います。逆に、専門店からチェーン店、レストラン、居酒屋、バー、コンビニ、スーパー、弁当屋など、からあげを扱っているマーケットの広さ、奥深さがやっぱり面白いんですよ。

井口　値段や手に入れやすさ、そしておかずかつまみかという状況によって、食べる側も自由に選べるということでもありますね。

八木　その中でも見るべきポイントとしては、凍らせている回数と、粉をどこで付けているのか、そして調味料から原料までどういうこだわりで選んでいるかということで、おいしさは決まっていくので、おいしいからあげを見つける際には参考にしてほしいです。

世界の鶏の揚げ料理と、日本のからあげとの違いは?

井口　私は最近「からあげプロデューサー」を自称していますけど、からあげ業界全体のプロデューサーといえば、やっぱり八木さんですね。ご自分でもいろいろなからあげを作る商品プロデューサーでもありますから。そういう観点でいくと、私の場合は、からあげビジネスをやりたい方に向けて、自分のからあげをどのようにして売るかというノウハウを提供していくというプロデュース業です。ですから、『げんきや』が増えるのはとても嬉しいのですが、自分の作った『げんきや』の味が日本そして世界に広がってくれることも幸せですし、何よりも「からあげ愛」が大きいです。

八木　他の店の名前でOKだし、他企業とのタイアップもどんどんやると。自分の作った味を幅広く知ってもらうためのプロデュースなんですね。

井口　はい、そういう意味でのプロデュースです。今後は世界進出を考えています。からあげが世界に広がっていく可能性は非常に高いと信じています。

八木　そうですね。実は、鶏肉にはいろんな規制があって、牛や豚に比べて輸出がしにくくて、日本の鶏肉を世界各国で商売するのはかなり難しいというか、ほぼ不可能な国が多いんです。ただ、からあげを形成する鶏肉以外の部分、調味料や香辛料、スパイスなどのブレンドがからあげの面白いところなので、そこは世界でも十分勝負できると思います。

井口　鶏肉はどの国、どの宗教でもＮＧがないですから、可能性は大きいですよね。

八木　世界中には鶏を揚げた料理というのはたくさん存在しています。例えば、アメリカのフライドチキンやバッファローウィング、台湾の大鶏排《ダージーパイ》、中国の油淋鶏《ユーリンチー》、韓国のヤンニョムチキンやカンプンギ、イタリアのポッロフリットなどがそうです。ただ、日本のからあげはそれらの料理と大きく違う点があります。実は、事前にしっかりと味を漬け込んで一晩寝かせて……など手間を掛けて仕込みをするというのは日本のからあげだけなんです。

井口　世界の鶏を揚げた料理は、基本的に後で味を付けますからね。

八木　そう、揚げた後にスパイスを振ったり、タレを絡めたりして味付けします。日本のからあげは最初の漬け込みのタレに味が全部入っているので、そこが大きな違いです。

井口　日本流の場合、ソースなどを必要とせず、そのまま食べておいしいのが特徴です。

SUSHI、TEMPURAに続いて「KARAAGE」も世界の言葉に

井口　私が海外に出店する場合は、日本流で勝負したいと思っています。味もあまり現地に合わせることを意識しないほうがいいと考えてます。海外の方と話しても、日本とまったく同じ味で出してくれって言われます。基本的にはまず日本と同じものを出して食べてもらって、口に合わないならちょっと変えていくことはあるかもしれませんが。

八木　たぶん、ラーメン屋がたどった歴史を継承するのではないでしょうか。ラーメン屋さんも現地に合わせるということをしなかったんですよ。だからうまくいった。海外でも日本と同じ味を目指すということで皆さん頑張っていますから。からあげだけじゃなく、これから世界を目指す日本のグルメというのは、あまり現地に合わせ過ぎないことも大切です。現地の人は日本流を求めているんですから。味以外のところはローカライズしていくことは必要だと思いますが、核となる部分は日本と同じもので勝負するべきです。

井口　八木さんもよく言いますけど、「からあげ」を世界の共通言語にしていきたいです。

八木　したいですね。いまのところ「ジャパニーズ・フライドチキン」ですから、何とか「K

ARAAGE」で通じるようにしたい。SUSHI、TEMPURA、RAMENに続いて、KARAAGEも世界の言葉にしたいなと思っています。

井口　そのために、私は「しょうゆで味付けする」というところはこだわりたい。からあげはしょうゆを使った「しょうゆダレ」のからあげが種類としていちばん多いですから。世界を見渡しても、しょうゆに代わるものってないんですよ。ナンプラーとか魚醤《ぎょしょう》とか似たようなものはありますけど、やっぱりしょうゆというのは日本独特のもので、それがないとからあげは完結しないと思っています。いま『げんきや』で使っている中津のしょうゆを海外で使うのは難しいですけど、キッコーマンさんのおかげで世界のどこでもしょうゆが手に入りますしね。やっぱりしょうゆからあげなら日本らしさが出ると思います。

八木　進出したい海外の街に、ラーメン屋か寿司屋があったらからあげは絶対いけます。寿司屋も絶対しょうゆを使いますから。

井口　現地の人もしょうゆの味になじんでいる可能性が高いですもんね。

八木　主食が米の地域も受け入れられやすいんじゃないでしょうか。例えば、ベトナムやフィリピンは米食です。ちなみに中国は麺、つまり小麦が多いんですけど、中華圏は基本的に鶏を揚げたものは好きなのでいけると思います。米食と鶏大好き、この2つが

重なっていればベストですね。

井口　なるほど。ウチの強みも生かせますね！

世界の価値観とは違う、日本の鶏肉事情

八木　『げんきや』の革命のひとつとして、先ほども少し触れましたが、ムネ肉の展開も挙げられます。ムネ肉のアレンジの仕方はいちばんじゃないですか。

井口　昔はムネ肉にそれほど力を入れてなかったんですよね。お客さま側も、ミックスのからあげにムネ肉が入っていたら「外れ」みたいな感じで。でも私はムネ肉のいいところも知っていたんです。からあげ以外でムネだけどおいしい料理もあったので、そのおいしさをからあげで再現できたら、並居る先輩たちの中でもやっていけるんじゃないか、と。ムネ肉のからあげにこだわったのは、私が業界では最初だと自分では思っているんですけどね。周りはモモ肉に力を入れている店が多かったですから。

八木　でもね、実は世界基準で見れば、ムネ肉のほうが価値が高いんですよ。価格も高い。事実、お隣の中国でも、ムネのほうを高く買ってくれるんです。

井口　そうなんですか？

八木　世界で鶏の輸出国というとブラジルとタイが代表的ですが、両国とも世界が買ってくれない安いモモ肉を、日本人が喜んで高く買ってくれるので売りつけているというのがいまの仕組み。ヘルシー志向が強い海外では脂身が嫌われているんです。鶏肉も世界基準では、あっさりしたムネ肉というのがフレンチでもイタリアンでもアメリカンでもまずいちばん。例えばソース文化のフレンチにおいては、ソースの味を邪魔しないムネ肉とかささ身が好まれます。余ったモモ肉は煮込み料理などに使われますよね。日本人くらいですよ、モモのほうがおいしい、ジューシーだとありがたがっているのは。

井口　世界は違うんですね。

八木　そういう意味では、『げんきや』は最初から世界基準だったんじゃないですか。

井口　ああ、なるほど。それにしても、鶏肉というのは偉大ですね。ムネ肉、モモ肉、砂ズリ、手羽、軟骨、皮も足も食べれちゃうし。

八木　これから先、世界的な人口増加の中で食料不足が懸念されてますが、鶏肉が救世主として期待されています。動物性タンパク質の中でいちばん育ちが早いですから。豚20カ月、牛30カ月、カンパチ20カ月。鶏なら2カ月で食べられますし、大量生産も可能です。そのため、部位にこだわらず、それぞれどうおいしくするかというのがとても大事になっていきます。からあげだけじゃなく、鶏の全部位をおいしく日本流にアレンジして世界に提案できるかというのが、これからの井口さんたちの課題になるのではないでしょうか。

井口　なかなかチャレンジングな課題ですが、世界の人を喜ばせることにつながりますから、何とか知恵を絞りたいですね。

『げんきや』が後発なのに人気店になった理由

八木　井口さんの「げんきや」は後発組なのに、なぜこれだけの超人気店になったのか、僕にはその理由がよくわかります。

井口　お、それは何ですか?

八木　「日本唐揚協会」では毎年、何十本もグルメ・イベントを主催したり協力したりしています。食品催事とか野外イベントとか、いろんなタイプのイベントを行っているんですけど、『げんきや』に出店の打診をすると、何を振っても断らないんです。たぶん売上が厳しいだろうなというイベントでも、「いいです、出ます」と言ってくれて、そして結果的にはちゃんと数字を残してくるんです。

井口　いやいや、単に私が出たがりなだけで(笑)。イベントとか好きなんですよ。

八木　そこはからあげ屋というよりは商売人としてのスタンスの問題です。中には、売れそうなイベントしか出ない人もいっぱいいるんですよ。でも井口さんは、「ウチは後発だし、先輩たちが偉大なんで、来た仕事は何でも断らずに全部受けます」ってよく言うんだけど、そういう謙虚なスタンスを続けてきたのがうまくいった理由だと僕は思っています。ただ、最近は井口さんも偉くなっちゃって、あまり現場に出て来ないけど（笑）。

井口　いや、そんなことないですよ（汗）！

八木　仕事を任された部下、同僚の人たちがちゃんと井口イズムを引き継いで、店舗はもちろん、イベントでもしっかりやっていますけどね。それもすごいことです。

井口　ありがとうございます。本当にありがたい言葉です。ウチの人間は真面目ですから。

八木　教育がいいのか、育ち方がいいのか、その人たちがもともといいのかわかりませんけど、『げんきや』グループの印象は、仕事は断らない上に、きっちり数字は残すというイメージですね。イベンター、要はイベント主催者側からの評価は高いですよ。井口さんは飲み会しか来ないですけどね（笑）。昔は熱かったな〜。

井口　いまも熱いですよ（笑）。ますます国内でも『げんきや』の味を多くの方々に味わっていただけるように気合いを入れて努力します。あと世界進出への挑戦ですね。真面目な話、生きていく中で世界を目指せることなんてなかなかないじゃないですか。でも、私は八木さんとの出会いもそうですけど、すごく恵まれていまその場所に立っています。だから今後はやっぱり世界展開、やるんだったら1番を目指してやりたいですね。関わり方は店舗なのか味だけなのか、それはわからないですけど、「日本のからあげ」という商品のプロデューサーとして、いろんな国に行って挑戦したいですし、それはもうスタートしています。

八木　僕も「からあげ」を世界の「KARAAGE」にして、今後は「世界唐揚協会」を作れたらいいですね。

井口　世界中の人たちをからあげで笑顔にするために、一緒に頑張っていきましょう!

おわりに

「大好きなからあげを、お腹いっぱいになるまで思う存分食べたい！」

「自分が家庭を持ったら、子どもたちにからあげを思う存分食べさせたい！」

こうした気持ちが、私が『げんきや』を続ける原動力となっています。

子どもの頃から親がお金で苦労している姿を見て育ったこともあって、自分が家庭を持ったら、家族に愛情を注ぎ、絶対に幸せにしたいという願望が強かったからです。そのため、『げんきや』は家族のためにもやっているといっても過言ではありません。

そんな私の家族愛が発露しているのが、『げんきや』の看板を飾るトレードマーク「ゲンキヤ太郎」です。この本のカバーの裏側にも載せてもらいました。お店の看板を見ることができない方は『げんきや』のホームページで見ることができますのでぜひ。

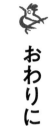

この桃太郎の格好をした男の子「ゲンキヤ太郎」は、実は私の息子です。

お店を始めてすぐのことですが、経営に関する本を読んでいたら、「お店や会社にはイメージキャラクターがあったほうがいい」と書いてありました。「動物のキャラクターか、桃太郎や金太郎といった昔話の主人公などがオススメだ」とあり、ピンと来ました。

「桃太郎って最高だよな」

そう思って桃太郎をモチーフに「ゲンキヤ太郎」を考えていたところ、息子を見て、またピンと来たのです。そこで息子に桃太郎の格好をさせて、「日本一」と書いてある鉢巻を締めてもらって写真を撮ったら……ご覧の通り、いい感じにハマりました。

ただ、それは息子が2歳の時の写真です。いまでもウチのキャラクターとして、看板はもちろん、印刷物でも使っているのですが、息子はもう小学校4年生になります。あと数年で反抗期が来てもおかしくないはずで、その時にあの写真を理由に暴れられたら大変だなと、いまからちょっと心配しています（笑）。

実は、それに備えてイラスト・バージョンもすでに用意しています。だから、いつか看板のゲンキヤ太郎の写真がイラストに切り替わったら、それは私の息子に反抗期が来たというお知らせにもなります（笑）。

そんな息子はいまも『げんきや』のからあげが大好きでいっぱい食べてくれています。息子の友達も好きだといってくれるのは嬉しいですね。

息子にいっぱいからあげを食べさせて、遊びに来た友達にもからあげを大盛りで出して

あげてと、ある意味では私の昔からの夢が叶ったということができるでしょう。

さて、新型コロナウイルスが人々の生活様式を変えてから、早いもので1年を超えました。ようやくワクチンの供給が始まりましたが、飲食店経営は大きな打撃を受けて、なかなか立ち直れずにいます。

からあげ屋はそもそもテイクアウトが主なので、イートインのお店に比べればまだましかもしれませんが、同じく先行きは不透明で、正直言って不安もあります。これからどうなっていくのか、いつになったら収束するのか……想像もつきません。

ただ、もう起きていることは変えられませんから、精いっぱいできることをやって、対応していくしか手はないように思います。いろいろと考えるだけでは事態は好転しません。もし私がコロナで悩んで、それでコロナを消せるなら考えますけど、消せませんからね。

元メジャーリーガーの松井秀喜さんが『不動心』（新潮社）という本で、「自分が変えられないことを考えても、しょうがない」という趣旨のことを書いていらして、「あ〜そうそう！」とすごく腑に落ちました。

地道にやれることを真面目にやっていく――ただそれだけです。

世界進出の話は具体的にいろいろな国、地域からお話をいただいています。ただ、いまは全世界が新型コロナウイルスに苛《さいな》まれているのでペンディング中です。もう少し状況が落ち着けば、すぐにでも世界に羽ばたく話は再開するはずです。

からあげというのは日本の代表的な料理であり、日本の言葉です。「日本唐揚協会」が「KARAAGE」として世界に広めたいという思いとも共鳴して、日本発のからあげ文化を世界に広める大義と使命を感じています。

国内でも海外でも、「からあげの魅力を広げたい」「一緒に仕事がしてみたい」「コラボを提案したい」という方がいたら、『げんきや』のHPから気軽にご連絡ください。

いま、そういう立ち位置にいること自体、幸運だと思っています。本当に幸運です。

もしかしたら5年後、10年後、海外旅行に行ったら、世界中のどこにでも私がプロデュースした店がある――それが夢というか、いまはそれを目標として、着々と進めている過程です。実際、数はまだ少ないものの、『鶏笑』が数カ国に進出していますから、信頼する仲間たちの協力もあり、夢物語で終わることなく、実現すると信じています。

この原動力は、やっぱり世界中の人を喜ばせたい、おいしいからあげで笑顔にしたいという思いです。作り手として「おいしい」と言われたら嬉しいですから、そう言わせたいですし、こんな時代ですから、からあげで笑顔になってほしいのです。

もちろん、それは私ひとりではできません。ここまで来たのも仲間のおかげだし、これからも仲間と一緒に歩んでいきたいと思います。デリシャス、ハオチー、マッシソヨ、スダプ、アロイ、ブォノ、セボン、フクースナ、レッカー、ノスティモ、ラディーズ……そんな、世界中の国々の「おいしい」という言葉に出会えるのも、これからの楽しみです。

この本を書くにあたって、自分の人生を振り返ってみたら、「社長になりたい」「子どもにからあげをお腹いっぱい食べさせたい」という自分が思い描いていた夢はすでに叶っていることがわかりました。しかし、私は現在に安住する気はありません。「世界」という大海原に漕ぎ出す準備も万端です。

マンガ『ONE PIECE』のルフィのセリフではありませんが、

「からあげ王に、俺はなる！」

そのつもりでこれまで以上に邁進《まいしん》し、世界中の人の笑顔のために、仲間たちと冒険の旅に出たいと思います。

この本を書くことになったきっかけとして、十数年ぶりに会った先輩が「本は名刺代わりになるよ」と言ってくれたことがあります。そして、「井口は絶対に書くべきだよ」とプッシュもしてくれました。

それをさらに後押ししてくれたのが、私の弟です。東京の広告代理店に勤める弟は、以前から『げんきや』のブランディングの効果的な方法などをアドバイスしてくれる存在でした。本を書くべきか弟に相談したところ、彼は強力に背中を押してくれました。弟がいなければ、この本が日の目を見ることはなかったと思います。子どもの頃、食卓のからあげを私が独り占めせず、弟にも分け与えていたかいがありました（笑）。

そして『げんきや』のすべてのスタッフ、プロデュース店舗のオーナーとすべてのスタッフ、お付き合いくださる業者の方々、「聖地中津からあげの会」のメンバー、支えてくれる家族、友人たち、「日本唐揚協会」の皆さん、何よりも『げんきや』のファンの皆さま、からあげを愛してくださるすべてのお客さまに心から感謝申し上げます。

そして本文にも書きましたが、『舷喜屋』という字の形は、非常に縁起が良く、運の強い文字だそうです。この本を読んでくださった皆様に、幸運が訪れますように！

２０２１年４月吉日　井口泰宏

井口泰宏 Yasuhiro Inokuchi

『からあげ専門店 げんきや』オーナー／「株式会社GENKIYA」代表／からあげプロデューサー

1973年大分県別府市生まれ。

学生時代はラグビーに熱中し、チームプレーの大切さを学ぶ。20歳の大学在学時に起業。会社の代表として全国を飛び回り、貴重な経験と人脈を積み上げていく。

2009年に日本一の大激戦区で、〝からあげの聖地〟といわれ、母が育った土地でもある大分県中津市にからあげ専門店『げんきや』をオープンさせる。100%国産若鶏を秘伝のタレに漬け込んで熟成させ、良質な鶏肉の旨みを十分引き出した味が特徴で、何個食べても飽きのこない本格派醤油からあげが人気に。最高金賞・連続金賞・グランプリなど21冠を達成（グループ含む）した自慢のからあげは、アツアツはもちろん冷めても美味しく、バラエティー豊かなお弁当も好評を博している。2021年3月末現在、からあげ専門店プロデュース店舗数日本一を誇る（「日本唐揚協会」調べ）。夢はでっかく「からあげで世界進出」！


『げんきや』公式ホームページ　https://www.nakatsu-genkiya.com/

史上最大のからあげ革命
日本の食文化を大きく変えた大分県の小さな専門店の挑戦

著者　井口泰宏
令和３年　４月30日　初版発行

企画協力　八木宏一郎（「日本唐揚協会」専務理事）
装丁　森田直／佐藤桜弥子（FROG KING STUDIO）
写真　江崎均
校正　玄冬書林
構成　中野克哉
編集協力　若林優子

発行者　横内正昭
編集人　岩尾雅彦
発行所　株式会社ワニブックス
〒150-8482
東京都渋谷区恵比寿4-4-9えびす大黒ビル
電話　03-5449-2711（代表）　03-5449-2716（編集部）
ワニブックスHP　http://www.wani.co.jp/
WANI BOOKOUT　http://www.wanibookout.com/
WANI BOOKS NewsCrunch　https://wanibooks-newscrunch.com

印刷所　凸版印刷株式会社
ＤＴＰ　株式会社 三協美術
製本所　ナショナル製本

ISBN 978-4-8470-7054-9